明清野史丛书 第一辑

李鹏飞 编

甲申传信录

（外四种）

〔明〕钱士馨 等 著

北京出版集团
文津出版社

图书在版编目（CIP）数据

甲申传信录：外四种 ／（明）钱士馨等著 ；李鹏飞编 . — 北京：文津出版社，2020.2
（明清野史丛书 . 第一辑）
ISBN 978-7-80554-698-8

Ⅰ . ①甲… Ⅱ . ①钱… ②李… Ⅲ . ①中国历史—野史—明清时代 Ⅳ . ① K248. 045

中国版本图书馆 CIP 数据核字（2019）第 168853 号

出版策划：安　东　高立志
责任编辑：乔天一　熊立章
责任营销：猫　娘
责任印制：陈冬梅
封面设计：吉　辰
书名题字：老　莲

明清野史丛书　第一辑
甲申传信录（外四种）
JIASHEN CHUANXIN LU
[明] 钱士馨 等　著
　　李鹏飞　编

出　　版：北京出版集团
　　　　　文津出版社
地　　址：北京北三环中路 6 号
邮　　编：100120
网　　址：www.bph.com.cn
发　　行：北京出版集团
印　　刷：河北赛文印刷有限公司
经　　销：新华书店
开　　本：889 毫米 × 1194 毫米　1/32
印　　张：10.25
字　　数：181 千字
版　　次：2020 年 2 月第 1 版
印　　次：2023 年 5 月第 3 次印刷
书　　号：ISBN 978-7-80554-698-8
定　　价：58.00 元

质量监督电话：010-58572393

出版前言

1925年12月10日、12日、25日，鲁迅在北京的《国民新报副刊》上分三次发表了《这个与那个》（后收入《华盖集》），在第一节《读经与读史》中，鲁迅说：

> 我以为伏案还未功深的朋友，现在正不必埋头来哼线装书。倘其咿唔日久，对于旧书有些上瘾了，那么，倒不如去读史，尤其是宋朝明朝史，而且尤须是野史；或者看杂说。
>
> ……
>
> 野史和杂说自然也免不了有讹传，挟恩怨，但看往事却可以较分明，因为它究竟不像正史那样地装腔作势。

1935年2月，鲁迅在《文学》月刊第四卷第二号上又发表了《病后杂谈》（发表时被删去第二、三、四节，后全文收入《且介亭杂文》），文末也提到野史：

> ……我想在这里趁便拜托我的相识的朋友，

　　将来我死掉之后，即使在中国还有追悼的可能，也千万不要给我开追悼会或者出什么记念册。……

　　现在的意见，我以为倘有购买那些纸墨白布的闲钱，还不如选几部明人、清人或今人的野史或笔记来印印，倒是于大家很有益处的。

　　鲁迅一向看重野史、笔记之类非"官书"的史籍，盖因官修正史常是"里面也不敢说什么"的，而通过野史的记载，却往往能提供官书有意无意漏略不言的细节，也就是前引文中所说的"看往事却可以较分明"。而明清两代的野史记述了大量官书所不载的人物和事迹，其中还有不少是时人亲见、亲闻，乃至亲历的，其重要性不言可知。这些史料早已为学界所利用，但对大众读者来说，往往还是陌生的。编纂出版《明清野史丛书》，想来还是"于大家很有益处的"。

　　当然，作为史料，野史杂说也有其不足之处。鲁迅说它"免不了有讹传，挟恩怨"，这在明末清初的一些史料中尤其明显。例如，《蜀碧》等书将明末清初四川人民遭遇的兵燹之灾一概归罪于张献忠，《汴围湿襟录》将决河淹没开封的责任推在李自成头上，《三湘从事录》作者蒙正发粉饰自己和恩主章旷、李元胤的所作所为，敌视由大顺军余部改编而成的"忠贞营"等，经过现当代学者的研究，都证明是不可靠的。由于本系列主要面向大众读者，我们不可能对书中记载一一进行核实和考辩，只能提请读者注意：尽信书，则不如无书。

另外需要说明的是，明清时期的野史，成书之后多通过抄录流传，不但鲁鱼亥豕在所难免，即残损佚亡，也不在少数。我们在编辑本丛书的过程中，尽量依据不同版本进行校勘，纠正了书中一些错字，特别是错误的人名、地名。但是，有一些人物在不同历史记载中的名字、行迹甚至最终下落都有不同，无法强求一致。如南明武将陈邦傅，一些史料写作"陈邦传"，由于没有第一手史料可供确认，在编辑本系列所收野史时，也只能各从其原书写法。至于明显由于避讳改写的字，如改"丘"为"邱"、易"胤"为"允"、书"弘"为"宏"，则径自回改，以存历史原貌。

总目录

甲申传信录

［明］钱士馨

目　录

原　序

甲申三月，李闯蹂躏晋地，取宣大，将薄都。都城九门昼闭。余以三月十有二日，南步出左安门，阍寺诘之而返。十五日晨起，东步出齐化门，门者以为谒东岳大王者也，不诘而出，独与王氏子东走。日步行八十余里，止宝坻之染城所村庙中。数日，闻闯已入京师，遂不返。东行，访路子于遵化，谦之道，宿山麓之大安村。村人秦姓者讯余何行，余答曰："闯寇入京师，欲谒督臣以募兵间左间，益万人，趋京师，不难复也。"秦曰："此村以东至关门，故尝鏖战摔敌，从军伍之列者最夥。徒以饷匮而令赏不明，故悉退不复事军。公能使督臣以大义令人即万人可集也。"明旦遂行，北至遵化，则三月之二十六日也。抚臣宋权已拜闯节度使，督臣王允吉削发去。而遵化守土之臣，方设彩亭龙案，拜读闯寇传谕郡县之檄。于是余与路子相与怆然自废，而无所复谋矣。止数日，路子遵海而南，余以舅氏在都，步行西。四月十有六日，复入京师。以故自李贼犯阙，至十六日还都不大详。且一时人士四方咸集，当有纪录可观。余是以置而不书，而徒滞迹于燕三年。丙戌冬，客从江南携甲申事来，所载《国变录》《甲申纪变》《国难纪》《闻见纪略》《国难睹纪》《变记确传》《燕都日纪》《陈济生再生录》《孤臣纪哭》《陈方策揭》，凡十余家，猥繁不伦，异端丛出，一时简策无所折衷。余于是博蒐见闻，勤咨与难诸贤，讲求实录。刊讹谬，芟芜秽，补阙遗漏，分为十篇。自丁亥至癸巳之秋，更七载而后勒成一书，名之曰《传信录》，而系之曰"甲申"，所以成一代鼎革之言也。或曰："子之所言，皆信而无疑乎？"曰："作《春秋》者所见异辞，所闻异辞，所传闻亦异辞。所见三世，所闻四世，所闻者五世。世远而闻见因以淆，三传所以多庞也。太史公成一家书，而年表与纪传之年，世家与列传之事，或自为牴牾者多，亦传闻者之使然也。余虽采之记说，谘之耳闻，犹从及见，余敢以自欺者欺人哉？所冀执简之臣，不以忌讳于当时之士，谓余狂言，可矣。余何疑焉？"

当湖穉农钱朒撰

卷一　睿谟留憾

（癸未八月至甲申三月纪）

大明大行皇帝御讳由检，光宗第五子，熹宗弟。初封信王。熹宗七年丁卯秋八月崩，遗命以上继大统，遂即位。（按熹庙大渐时，逆珰等将谋逆，以魏良卿为辅，母后临朝称制。张后心不允，力赞熹庙密旨召上受禅。上欲辞，张后遽曰："皇叔义不可辞，且事急矣，宜速谢恩。"上故拜命，即匿上别宫。熹庙遂崩。魏忠贤及辅臣施凤来等候诏于外。顷之，英国公张维贤入，挺鞭搜宫，上遂得立。）明年戊辰，改元崇祯。上英断天挺，承神庙、熹庙之后，反前弊，黜邪党，励精谋治，勤勤然有中兴之思。然疆事日警，中原内虚，加以饥馑荐至，寇攘横出，拮据天下十七年，而神器遽覆，遂死社稷。呜呼！睿谟英猷，宵衣旰食，曾不一舒其怀，其留憾何极耶！职癸未仲秋入都，迄甲申之变，其所见闻者，具述其略，至于政治纪纲，职在太史，非野陋之所及。近叙危亡之故，月日之纪，故曰："睿谟留憾。"其艰辛于社稷，诚知为君难为臣不易也。志之以俟作史者取裁。

崇祯十六年癸未秋七月，上将行秋郊礼。以贡士大典，礼臣俱董闱事。初十日，命成国公朱纯臣代之。先是，满洲兵以壬午秋入南，至河阳。征兵四方，明年春始集，而兵戎且出。督臣范志完遏其归路，以只轮不返为功。辅臣周延儒请视师，誓不负诏。上从之。二臣以大捷告，而满洲尽出。初闻捷时，上大喜，赐太平宴。及二臣奸觉，上怒甚。罢延儒，放归；收范志完及赵光抃狱。

是岁以兵戎入，故公车道梗，贡士更以八月二十七日放榜。会元陈名夏，一榜凡四百人。

九月十四日殿试。状元杨廷鉴，榜眼宋之绳，探花陈名夏。

是月，闯、献二寇驰蹒楚豫荆襄之间，烈焰甚炽，国家力屈兵殚，朝廷罔措。上悬奇谋、异勇、富国、强兵四科募士，而应者卒鲜。于是进士陈丹衷疏荐副总兵成大用，以招练广西士兵，力扫群寇。疏上，上大悦之。

冬十月，授陈丹衷河南道监察御史，奉敕征广西赋税为兵饷。大用练兵广西，而闯已陷秦关矣。

十一月，以潼关告变，命余应桂为秦督，李化熙总制三边。应桂忧惧而泣，及陛辞，请曰："不益饷，臣虽去无益。"上为之默然。中枢令速行，至晋一无所为。逡巡河上，而西安已全陷矣。贼既入西安，遂定僭位称号，谋渡河而东。余应桂方阅兵河上，闻贼将至，遽走太原。

是月，杀旧督臣范志完、赵光抃，吏部文选司郎中吴昌时，镇臣薛敏中。（光抃，九江人，乙丑进士。崇祯十五年十一月十五日，满洲破蓟州。十八日，光抃以劾邓希诏流广西。是冬闻命还会稽，家赀二十七万，七子各与三万以三万奉老母，自携三万入京。周延儒遣长班索银五千，光抃勉与三千。补蓟辽总督，未几受事，竭赀犒士。延儒、范志完尽放满洲以出，而光抃与戮，伤已。）

方岳贡、丘瑜、李建泰、范景文。

右四人十二月上旬为相。

是月，旧辅臣周延儒复征入京，赐死。

十五日，戒五城清道，驰西域所献千里马。上欲试之，寻罢。

二十日，贼从沙涡渡河攻平阳，知府张嶙然以城先降，而三晋闻之风靡矣。

崇祯十七年甲申春正月朔旦，朝罢，上揖阁臣赐茶。阁臣并云："库藏久虚，外饷不至，一切边费，刻不可缓，所恃者皇上内帑耳。"上默然良久曰："今日内帑难以告先生！"语毕，潸然泪下。

初九日，贼牒文兵部，署文以大顺永昌年号，约战。三月十日至，兵部执讯之，乃京师人，从涿州还，遇逆旅人暴病，云："山西抚移文，期是日到，误期当斩。"病剧，与银十两，使递。兵部以为诈，斩之。

上以贼急，召对辅臣曰："诸臣独无能为朕分忧乎？"李建泰自言："臣西人，颇知贼中事。臣愿于本地募饷百万，治兵剿贼，否则毋使东渡。"建泰复奏："进士石耸愿单骑走陕，北连甘宁镇兵，外连羌部。召募忠勇，劝输义饷，剿贼立功。否则内守西河，扼吭延安，贼不得东渡。"上欲用之。建泰复言："俟臣到西，酌其可用，请之。"

十六日，命辅臣李建泰督师剿贼，告庙赐剑，御正阳门楼，饯之曰："先生此去，如朕亲行。"上目送之二里许，方还宫。以兵部主事凌駉监军。是日风沙大作，占者以为不利行师，而建泰所乘轿折杠。时京营总兵王家美率营兵五千从行。十七日，从兵逃归者三千，建泰气沮，迟迟而行，日行不过三十里。时进士程源送建泰至真定，曰："今公此行当兼程抵太原，收拾三晋以蔽神京。若三晋失守，无可为矣。"

十九日，吏部奏：寇窥渡，三晋披靡。贼马未到，而城池已空；伪檄方传，而人心胥乱。议复保督、重察警、厚储防、缉煽惑、急练战、谨联络六事。而缉煽惑责之秦人为科道官者廉察之，恐为伏奸以应寇也。

二十八日，平阳陷告，沿河州郡悉置伪官。余应桂及诸将闻平阳陷，望风争避，太原无兵矣。

二月初八日，贼至太原，以数卒上城，开门而入。杀太原府知府，抚臣蔡懋德、布政赵建极死之。

先是，李建泰至东平，兵颇不戢，百姓闭门不敢纳。兵哗三日，乃入城。蓟镇督王永吉请撤宁远入保，太常寺卿吴麟徵具疏力赞其事。时真定府知府丘茂华闻贼警，移家属于城外。总制徐标执茂华，茂华本部卒以求中军不得，怨标。嗣标登城画守御，劫缚出城，杀之，劈狱出茂华。茂华遂牒所属州县，约叛降贼。

是月，上以太监卢惟宁、高起潜、杜勋等十人为天津、通州、蓟镇、宣府、山海、山东、两淮、江浙、两粤各镇监军。

二十六日，命户部尚书倪元璐归翰林詹事，专候听讲，别推户部尚书。继以大理寺寺丞吴履中为户部侍郎，管尚书事。

二十八日，上命阁臣传五府六部各入，授以手札，各修战守事宜，汇进上。上御文华殿，各札既进。左谕德李明睿、少詹项煜请上南迁，都御史李邦华请太子监国南京。上反复观之，怒甚，少间，色渐平。事竟留宫中，不发。

三月初一日，召对陈州生员张镛中左门，请皇子监国南京，择一二老成忠爱大臣辅之。左谕德李明睿请南迁，日日上奏。翰林户部尚书倪元璐、都御史李邦华请太子监国南京。上曰："朕方责诸臣以大义，而使太子出，是倡逃也。其谓社稷何！"会科臣光时亨具奏以为不可，议遂寝。

是月，昌平兵变，官衙民舍焚却殆尽。抚臣何谦捕斩乱首，抚之。

初二日，榆林陷告，廷议调宁远总兵吴三桂，道远未进。刘泽清不奉诏。刘泽清尝云："天下变，山东不为他人有耳！"

初三日，传谕守城，盘诘出入。命辅臣魏藻德兼兵部尚书，驻天津调兵。方岳贡兼户部尚书，驻济宁督漕。会有北人上言："各官不可使出，出即潜遁，无为朝廷用者。"遂止不遣。允辅臣陈演、蒋德璟致仕回籍。

初四日，贼陷宁武，镇臣周遇吉力战，死之。命襄城伯李国桢练京营兵，守西直门。

钦天监奏帝星下移，诏百官修省，而大僚职官饮酒高会，如太平时。

初五日，李建泰以病告，兵士逃亡略尽。上时发内帑数万，调宣府太监杜勋、山海关总兵唐通协守居庸关。

初六日，会议措饷。凡在狱犯官，如曾缨、董象恒、侯恂、王志举、王永祚、陈睿谟、郑三阳七人，皆充饷赎罪。

吏部尚书李遇知议：以勋戚世臣加爵，大小诸臣谕奖，各捐助饷银。上然之。江南大僚士民共举旧司马张国维为浙直总制，练兵输饷。如议，加总兵衔。唐通、吴三桂、左良玉、黄得功四人加伯爵。刘泽清、郑芝龙二人加侯爵，协剿群寇立功。

初七日，召对新翰林官于中左门。探花陈名夏先有招募山东义勇等事疏，因言淮扬要害，宜练兵重镇。廷对称旨，即御前拜命为户兵两科都给事中，兼翰林院修撰，许以不日重用。检讨方以智具疏请出淮上，招募豪杰；中书刘中藻亦请出外募兵。俱未报。

初八日，上召户部侍郎吴履中入，问库内现银几何，答曰：仅存八万。上曰："以备城守，虽各边月饷，亦不可发。"履中极言："若无九边，京师安守？"上不听。

是日，贼至阳和，副总兵姜瑄叛降。官民或椎牛载酒以先，或预为大膳进食，至有掠民子女以献者。京城九门锁钥益严。

初九日，贼陷宣府，巡抚朱之冯死之，大同陷。

以司礼监掌印太监王承恩为京城内外提督军门。

初十日，太康伯张国纪捐银二万助饷，特遣东厂太监徐本正进国纪为侯，因加以爵讽谕。

嘉定伯周奎止捐银一万，其余勋戚无有及万者。

上悬令：助饷升爵有差，措饷及万者建坊。王永祚、曹化淳共捐银五万；徐本正捐银加于永祚、化淳上；王之心捐银一万。

魏藻德捐银五百。

陈演既放未行，复召至上前，令其捐助。演极言清苦，从未向吏、兵二部讨一缺为辞。

百官相率共议出饷，或以衙门，或以省直，各汇集出之。如浙江六千，山东四千之类。郝晋等（山东省）共输至三千一百，刑部尚书张忻捐银九百两足之。然所派亦不甚均，多有拥厚赀而不乐输者。先后所捐，仅至二十余万。

内臣有怨望者，或题宫阙壁云："此处不留人，自有留人处。"

十一日，颁罪己之诏，尽捐加派三饷。募擒李自成者，爵伯，赐银万。诸胁从及贼降，皆许戴罪立功。因谕："各路官兵，凡忠勇之士，倡义之王，有志封拜者，水陆并进。"镌板印，上用御玺，张示各处。

十三日，增各门兵，饷益不给，人止给钱百余。

是日，贼至居庸。唐通、杜勋叛，尽献帑饷。抚臣何谦戴罪协守居庸，逃去，贼遂入关。乘势席卷，人心震惧。

上自是月初三日，始日召大臣群僚议戎事，绝无良策。上顾举朝无人，每回宫必痛哭而入。各门分设大军红尼诸炮，炮所伏处，立营守之。每日以部属轮督九门，三营大兵，屯于门外，统帅卫官而已。

十四日，居庸关陷告。起用旧司礼太监曹化淳，督守彰义门。

十五日，京城九门俱闭，风沙大作。正阳门武安侯庙左旗竿，中劈为两截，横于道上。

十六日，贼由红门川突攻昌平州。总兵李守镞及监军太监并逃去。

十六日，贼犯十二陵，焚享殿，伐松柏。自西山连营达沙河，无隙地，直犯阜成门。终夜焚掠，火光烛天。

是日，上召对各官诸臣，惘然无措。都城女墙共计五万四千四百丈有奇。京营兵向无实籍，多为大珰隐占，加以癸未疫死甚众，其精锐者又为新遣内臣选去，时登陴止老弱数千人，太监万余人。凡三女墙止一人瞭望，放炮射箭，不撤昼夜。无造饭者，兵皆饥馁不堪。初时，有太监送饭，盛以木桶，听卒攒食之。至是不复送饭，守城兵死者甚多。

十七日，贼分兵东至高碑店，西薄西直门。炮轰震天，人情惶扰。铅子飞入城中如雨。西直门塌其一角，守陴太监褚宪章放铁器大炮，炮炸，烧死。上令各监局掌印以下大小太监俱充城哨，于是每女墙始得一人。而炊灶未立，卒以钱抵市，取食上城，兵饷倍艰。

是日，厚载门有小民捐银三百两。又一老人年六十余，久居彰义门外，时避入城中，一生积仅四百金，痛哭出输户部。上皆官以锦衣千户。

上召九卿科道官议事，命兵部速调兵，诸臣束手无策。上泣下，诸臣亦相视泣下。或言乏员，当今之急，无如考选科道。至是新授御史一十八人，添督九门。起用旧给事中章正宸，而户部侍郎吴履中复申捐赀募兵议。藻德谓上曰："营兵屡经守城，然尚胆怯，善惊走。百姓非素习，益畏惧。一人惊走，摇惑众心，反致误事。"上以为然，遂禁官不得登城。登城者惟大司马及文武京营巡视各官数人而已，余虽守门卿寺科道官，都不得上，而闭紫禁城东西长安各门甚严。辅臣入阁，详验始入。

是日，贼遣叛监杜勋缒城入讲和，盛言李闯人马强众。议割西北一带，分国而王，并犒赏军银百万，退守河南。当局茫然无应。内臣告上，上密召见之平台，辅臣魏藻德在焉。勋具以事白上，且言闯既受封，愿为朝廷内遏群寇，尤能以劲兵助制辽藩，但不奉诏与觐耳。因劝上如请为便。上语藻德曰："此议何如？今事已急，可一言决之。"藻德默然不答，鞠躬俯首而已。上忧惑不能坐，于龙椅后靠立，再四询藻德定议，藻德终无一辞。上命勋且回话："朕计定，另有旨。"复缒勋还营。勋既出，上以藻德不言，且势困，推龙椅倒地而入。藻德遂出。薄暮，太常卿吴麟徵坐西直门，登城望贼，知势难支。急驰入朝，欲面陈要事，遇藻德于朝门，语之故，藻德云："皇上烦甚，已休息，不必入也。"手挽之出。

十八日，辰刻，上传取箭帘数千，挂紫禁城内，至午不出。诸臣因言，左、吴俱封伯，而刘镇近在东省，独不与，恐有他变。请魏、范诸臣出阁议之，即具揭封东安伯。左都御史李邦华奏：新御史周亮工、朱朗鏶、刘令尹，皆尝著效城守，宜急用之。疏既入，因至正阳门，登城一望，贼兵重围，拒之而返。

贼攻平则门，守将贺珍与战，死之。

是日，巳刻，阴惨，日色无光，已而大风骤雨冰雹迅雷交作，人心愁惨。至午后方止。贼攻彰义门，以叛监杜勋尝射书城上。监军太监曹化淳忽启门迎闯，闯遂入，攻内城。

是日申刻，内监有讽上远狩者。上同内监登万寿山顶，四望逾时，知事不可为，遂回乾清宫。

是日酉刻，上遣内监密敕新乐侯刘文炳、驸马巩永固，各带家丁护送出城南迁。刘、巩并入内殿见上，曰："法令素严，臣等何敢私蓄家丁？即率家人数百，何足以当贼锋？"上颔之。又召首辅魏藻德言事，语密不闻。久之，上顾事急，将出宫，分遣太子、二王出匿。进酒，酌数杯，语周皇后曰："大事去矣！尔宜死！"袁妃遽起去，上拔剑追之，曰："尔也宜死！"刃及肩，未扑，再刃，扑焉，目尚未瞑。皇后急返坤宁宫，自缢。时已二鼓，上巡寿宁宫，长公主年甫十五，上目怒之，曰："胡为生我家？"欲刃之，手不能举。

良久，忽挥剑断公主右臂而扑，并刃坤仪公主于昭仁殿。遣宫人讽懿安皇后及皇太妃李氏并宜自缢。上提剑至坤宁宫，见皇后已绝，呼曰："死的好！"遂召九门提督京城内外太监王承恩至，语久之，朱谕内阁："命成国公朱纯臣总督内外诸军务，以辅东宫，并放诸狱囚。"（事具成国公语内）因命酒与承恩对酌。时漏下三更，上携承恩手，幸其第，脱黄巾，取承恩及韩登贵大帽衣靴着之。手持三眼枪，随太监数百，走齐化、崇文二门，欲出不能。走正阳门，将夺门出，守城军疑为奸细，弓矢下射，守门太监施炮向内。急答曰："皇上也！"炮亦无子，弗害。上怆惧还宫，易袍履与承恩走万寿山，至巾帽局，自缢。大明大行皇帝于崇祯十七年甲申三月十九日夜子时，龙驭上宾。

九门提督司礼监掌印太监王承恩随驾入巾帽局自缢。

上无他服，止白绫暗龙短袄一袭，跣一足而崩。

是夜四鼓，时诸内监宫人各纷沓从东华门出。

是夜五鼓，贼攻正阳门未克，余各门率用木枝梯城。先攻东直门，光时亨首降，御史王章不屈，被执。

十九日黎明，时人马喧嘶，城中鼎沸。德胜门、齐化门、阜成门、宣武门、正阳门同时俱启，守城者争下，裂弃戎衣征袍战靴而走，贼入城内者悉登城，抱箭而投，大呼曰："持箭开门者不死！"于是人争授箭，而户设永昌香案矣。是时自成骑兵破西直门，执襄城伯李国桢，驰至西华门。自成伪军师宋献策曰："先安民，乃可入。"自成从之，拔箭去镞，向后军中连发三矢，约曰："军兵入城，有敢伤一人者，斩以为令。"乍黑气涌门而出，献策曰："凶气也，避之！"因导自成以午刻由德胜门入。先是，叛监杜勋亦从德胜门射书约降，故开门以待。

太监王德化率内员三百人迎于门外，自成命照旧掌印，而曹化淳导自成从西长安门入大内。自成发三矢射承天门，乃入宫。见袁妃、公主于地，叹曰："上太忍！"令扶还本宫调理。后袁妃不知所之，公主强起，出就嘉定伯第。

是月十九日，新乐侯刘文炳、惠安伯张庆臻、宣城伯卫时春、左都督刘文耀、驸马公巩永固。

右五人俱阖门自尽（语详《大行骖乘》卷内）。

内阁大学士范景文、户部尚书兼翰林掌院学士倪元璐、都察院左副都御史李邦华、都察院右副都御史施邦曜、大理寺正卿兼大司马提督军务吴麟徵、都察院右都御史陈良谟、刑部左侍郎孟兆祥、兵部左侍郎王家彦、詹事府左谕德兼翰林院侍讲周凤翔、右春坊右谕德刘理顺、翰林院检讨汪伟、户科都给事中吴甘来、右春坊庶子马世奇、太仆寺寺丞申佳胤、大理寺卿凌义渠、锦衣卫指挥王国兴、锦衣卫指挥李若琏、吏部考功司主事许直、兵部郎中成德、河南道监察御史王章、兵部主事金铉、光禄寺署丞于腾蛟、御史赵譔、赐进士出身孟章明、五城兵马司马姚成、原任濮州知州马象乾。

以上殉难诸臣（语载《大行骖乘》卷内）。

李自成终不知圣驾所在，乃悬令募献者封万户侯，赏金万镒，首告赏金千两，并搜太子、二王，赏金千两。

二十日，嘉定伯周奎献二王入见闯，闯命伪都督刘宗敏善养之。

二十一日午刻，贼卒李才报上崩驾于万寿山之巾帽局，书血诏于前襟云：“自朕失守社稷，无颜冠服终于正寝。”又云：“各官俱赴东宫辅之。”自成命以两扉舁上及王承恩，置东华门侧，给钱二十串，市柳木棺殓之。枕土块，覆以蓬厂，而周后亦从东华门出，置龙文凳上，藉以锦褥，覆以锦被。

二十二日，上犹暴露。遂撤锦被以覆上，迁帝于茶庵。

二十三日，自成用王德化言，易以朱漆梓宫及皇后梓宫殓之。上穿空靴，或问之内监，曰：“凤不裹头，龙不裹脚。”时在旁痛哭者，兵部主事刘养贞也。后相传为襄城伯李国桢者，谬。

二十四日，东华门东北首哭声大震，闯问何故，答曰：“诸臣及士民内监请葬先帝。”闯许葬以帝礼，祭以王礼。

二十五日，光禄寺稍供祭礼以奠上。

二十六日，具帝冠服，后霞服。内侍为帝梳发尚冠入殓。都民有叩头痛哭者，官员有过拜者，有迂道从南远行者。

二十七日，黎明，传伪旨，令叛监略备礼仪，移先帝及后梓宫于城外。

二十八日，二王着青巾至梓宫前哭拜，愁惨难名。因过成国公府用膳，仅五员弁从。此时亦无襄城伯李国桢焉。成国夫人常氏朝二王毕，五兵催送梓宫。二王至门而返，尚不果葬。

四月初三日，黎明，藁葬上及后于田贵妃墓，临者惟太监、百姓而已。呜呼！

卷二 疆场裹革

（秦晋燕殉难诸臣并李闯纠贼附略）

甲申之变，从死社稷者颇有。然以一日之死，塞平时尸素之愆，未为得当也。惟秉戈捍圉，提师在野，其势独难。故继《睿谟留憾》，以在外死事诸臣系焉。马伏波云："大丈夫当杀身边野，以马革裹尸还葬耳！安能死儿女子手中耶？"诸臣虽无功而自杀，其志气有足多者，故志《疆场裹革》以风之。至于闯之犯阙，由秦而晋，而燕，故先陕，次庆阳，次榆林，次山西，次宁武，次大同、宣府，而以京师终焉。至于张献忠助闯党恶，乘势攻取麻城。祈晴，残杀妇女，猖獗无厌。闯寇掠秦晋等地，而其母流寓宁夏，提筐鬻食，不假膳养，徒肆横行，固不能成其大业。竟有趋乱之徒，总戎延贼，逆阉开门，见机先遁，难临潜逃，与秦晋燕诸臣杀身边关、尸裹马革者，界隔仙凡矣。

陕西

崇祯九年丙子，孙传庭以右佥都御史巡抚陕西。传庭字白谷，山西代州人，乙未进士。十年，擒闯王高迎祥，杀之。

十一年，加兵部左侍郎，赐尚方剑，总督各镇，剿流贼。是岁，满兵入燕齐，调传庭总督保定。

十二年，被劾下狱。久之，陕西总制汪乔年升兵部右侍郎兼右佥都御史，总理三边，为中军将贺人龙所卖，陷在贼中。人龙者，陕人，长大有力。秦镇精兵屯鳌屋、鄠县最多，泾阳、三原半之，皆人龙所辖，以故跋扈自倨。乔年威重自尊，与人龙不协。人龙意忿，私交贼。贼知乔年师期，伪为驲夫扛乔年入营，欲降之。乔年不从，遂触石，颅裂而死。

继总制者，则傅宗龙也。宗龙字括苍，云南昆明人，庚戌进士，己卯岁为司马，庚辰下狱。辛巳为秦督，人龙复卖之如前。贼又扛宗龙过一县城，约曰："总制欲生，毋多言，第呼城开门共入，即无恙。"比至城，守者以总制来，将纳之。宗龙乃大呼曰："我为流贼拥至，凡所来皆寇，毋开门，速举炮纵发，慎勿恤我，我与贼共尽可也！"贼怒，急撤宗龙入营，寸磔之。于是寇势遂猖獗矣。当是时朝廷以孙传庭擒高闯功，复爵为兵部右侍郎，督理京营。

十五年壬午，复以传庭总督三边，寻加钦命督师，总制秦晋应凤豫楚川黔剿贼，加兵部尚书。传庭既至，知汪、傅皆以严毅自贵，与人龙不协，致败。因降礼恩浃之，而人龙自以败两总制惧罪。每谒督，必健卒四十人从其后。以传庭意浃无猜，不复严惮，遂撤健卒，止一仆从。而传庭潜戒从营壮士，乘隙图之矣。后人龙来计贼情，以武技善射自矜，因命之射，而未持弓矢来，遣从人归取之。传庭曰："朝廷独罪汝，奈何？"人龙曰："何罪？"从官壮士二人遽挟之，曰："毋行，可徐议耳。"人龙欲奋绝脱去，挟益坚。就庭柱绕之，壮士即从后拔剑斩之。人龙既斩，即晓谕其部众曰："愿去即行，愿入伍者照册领饷，愿为人龙报复者即决战可也。"诸军乍惊，哗议不齐，仍以去与决战皆无名，并复入伍，乃以翻山鹞高杰为中军将军，悉统之。自传庭至陕，悉力以缮甲士。

壬午夏，趋战闯寇于襄城。重兵涉远，贼兵掩至，秦兵尽溃。甲马无一遗，诸将帅仅以单骑走免。传庭归，募卒实伍，而马匹绝少，即限诸将共输以赎襄城覆阵之罚，骑兵稍足。暨岁余，募兵甫四万，而孩稚伧野之卒居多，练习未备。传庭意坚守，俟较武娴熟然后赴阵，而闯寇方横驰于汝汴河洛之间。

癸未秋，廷议诏传庭出关剿贼。传庭意且不奉诏，而伪张师期以骇贼。闯益集劲兵数万，虑不支，而张献忠方在蜀，乃遗书献忠，言孙督甚强，破豫必移兵于蜀，唇亡则齿寒矣，不可不助也。七月二十五日，献忠遣精兵万骑助闯，闯势益盛，然孙意且不出关。秦抚冯师孔数言："顿兵久安，非朝廷命战意也。且寇日强横，将何所终？"传庭曰："出师有期，当图万全以报朝廷，无烦中丞虑。"冯故督之行，曰："行师既有期，甚善。"命从吏速治酒饯督师。即饯，孙不得已，即于八月二十日治兵出关剿贼。贼匿精锐，先以所虏胁民为前锋，乍战斩获甚众，遽以捷闻。疏云："有逃自贼中回言，言贼闻臣名皆溃。臣誓清楚豫，不以一贼遗君父忧。"而不知乃贼间也。因追贼至境外，坚垒相持。

二十九日，檄晋饷济军，车牛络绎三晋。天雨三日，饷不至，人马饥毙。总兵白广恩等议退兵，传庭不许，曰："若退，则溃不可止，不如声言战，使贼闻风而遁，我可待饷。饷至兵强，差可决胜。"明旦，贼挑精骑压垒，军中闻贼至即奔溃，弃甲山积。骑兵悉退入关，时九月五日也。传庭至关，随遣潼关镇将倪从龙急督所部壮兵屯商洛口，使贼无骤进。倪从龙所部不过千骑，度不支。强行，炮声从内发矣。当是时，骑兵争入关，步兵后至。贼尾之，获所弃车仗甚众。即效步装杂入潼关，关内伏兵既多，炮声一震，关门大开。初六日，潼关遂陷。传庭忽闻炮发，遽返，寇已塞路，不可行，乃从间道趋西安。诸帅悉顿兵城下，不得入，而寇队已悉薄西安矣。诸帅仓皇无战意，西安人王根子私降贼。

十二日，王根子率健卒斩门开西安南门，纵贼大入。道臣杨王休及方伯以下皆降，西安遂陷。传庭旧留西安喇嘛僧二百余，即日拥之西去。抚臣冯师孔不知所之（向传殉难者，谬）。高杰遽走泾阳、三原，悉男女金帛肆劫以行。一时殉难者凡七人焉：

潼关指挥三人：一李姓，一盛姓，一张姓，三人俱失名，十月十六日并自刎。

黄绹，字季侯，陕西按察使司，河南光州人，壬戌进士。城陷自缢。

吴从仪，字岁青，长安县知县，浙江山阴人，庚辰进士，治邑以廉能闻。城陷，投井死，贼义之，赡其家属。

杨瑄，渭南县知县，山西高平人，庚辰进士。癸未升兵部职方司主事，未离任而西安已告陷，遂自缢。

章世纲，字阘然，秦府长史，浙江会稽人。闻城陷，亦自缢。

庆阳

闯既入秦，所至州郡，皆望风降顺。独庆阳恃城坚固，相持不下。火炮肆发，伤贼三万，尸填城濠几平。次日，贼乘濠平，复攻庆阳西城，而土墙外障，堵筑孔厚，加以精兵强悍，逾坚守不下，越三日不克。后二日，再攻南城，亦未克。又次日，自西城旋至北城，庆阳道右参议统兵城上。贼至时，矢石如雨，贼覆，遂不敢动。又从北而东，而庆阳东城守城者皆妇女，遂从东城破之。

段复兴，号薇垣，庆阳道右参议，山东阳谷人，甲戌进士。举家自缢死，遂自提刀杀贼，手刃数十人，力尽自刎。

榆林

榆林旧镇，素称忠勇。西安之陷，总兵姜让弃榆林，趋降贼。其余将士周达、尤世威等抗贼不降。（霍达疏载：旧师殉义十余人家，失其姓氏里居。）贼以数万骑攻榆林，伏锐骑开门延贼，贼入，尽掩杀之。贼怒，奋师大击，又破之。贼并师攻杀，贼甚众，坚守不下。贼忿甚，掘城为大窖，用炮震击，崩城数丈，城遂陷。屠杀将尽。惟精兵逃入外边草地，而尤世威等俱殉难。（霍达疏载：道臣殉难有郁任等，亡其姓氏。）

山西

癸未十一月二十四日，贼至安邑，烧西门城楼。安邑县知县房之屏抗贼不降，跳入井中。贼钩出杀之，城陷。

蔡懋德，字云怡，南直昆山人，己未进士，官提督雁门等关、巡抚山西、副都御史，尝茹斋，清约素守。甲申春，懋德被论当去，以贼警，留太原。俟寇出关，晋兵御于河。救不至，寇遂渡，入太原。懋德遂自缢死。

赵建极，字位司，河南永宁人，己未进士，官山西布政使司。城陷时，骂贼自缢。

宁武

镇守山西兼代州三关总兵周遇吉，字翠庵，辽东锦州卫指挥，骁毅绝伦，守御勤肃，驻扎宁武关。平时购选部下有胡妇二十人，人皆绝悍，骑射精捷，支粟与裨将俸等。更选健丁之无艺者各一人，事之如夫妇。而临阵不役健丁，役胡妇。然非至急不役之，以故行师杀贼过当。甲申三月，贼犯宁武。宁武兵止四千，遇吉同其妻刘氏夫人并率兵力战。人告奋勇，无不一以当百，斩级万余，宁武战卒亦略尽，遂败入城。城陷，复马蹶，徒步跳荡，手格杀数十人，矢集如猬毛。被执，骂贼死。刘氏夫人率妇女登屋射贼，贼纵火焚之，家属共死。胡妇二十人共伏室中，洞开其门，系遇吉所乘骏马于衢。贼众固心惮遇吉，不敢骤窥其室，而又心艳骏马，无守者，试引牵之。至，胡妇即引强弩，连发毙百数人，矢竭亦尽赴火死。贼恨甚，遂屠宁武，无一遗者。贼入京，语及宁武，皆云："使所至皆若周公，殚忠尽力，我属乌能至此？"故言遇吉者，莫不惊叹悚服，号称大人。

大同

闯入西安，榆林总兵姜让先趋降，而大同总兵姜瓖，让弟也。闯将攻大同，让请先驱至城下约瓖降闯。三月七日，贼薄大同，瓖伪以观兵设伏，出迎闯，城遂陷。巡抚大同右佥都御史卫景瑗死之。景瑗字带黄，陕西韩城人，乙丑进士。寇陷大同，执景瑗母，胁降。景瑗曰："此膝不屈第二人，可即杀我。我固应痛詈汝辈，以老母在，恐移之惨祸，我姑忍耳。"自成胁三日，不屈，饮食亦弗接，自碎其首于贼门之石狮子而毙。母夫人之既执也，曰："我为朝廷命妇，子为朝廷大臣，岂食贼食？"骂贼不绝而死。大同之极忠孝者，莫过景瑗也。瓖既降，复入延闿。闿入，即缚瓖，命斩之，而数其罪曰："朝廷以要害重镇寄若，若何首降？"瓖无辞，而闿将张天林曰："欲定京师，而杀首降，非所以劝归顺也。不如释之，以招归顺。"闿从之。遂以张天林镇大同，守之。瓖叩谢张，张曰："国家创业，招徕固应如此，何敢当谢。"闿趋宣府，瓖兄让请先导兵至阳和，语其次弟瑄并降贼。贼遂以瑄守阳和，而竟取宣府，定京师。及贼东出，败于关门而遁。吴兵且入，瓖勒单骑走阳和，假其弟瑄部，疾趋大同，欲入大同。闻吴兵将至，城守者不欲启，天林曰："此独瓖至，必酬劝王不杀也。"命启门入瓖，并部卒尽入。瓖入，即缚天林，斩之，守城待大清兵入，即以杀张天林之功赐镇。

宋家仕，字崐海，陕西河州人，戊辰进士。廉直耿毅。当贼薄大同，总兵姜瓖佯以观兵设伏，出城迎降。复入城，其部卒望见家仕，趋马翻之。家仕见事去，反走入署，出囊二千金，尽给从吏，曰："我未取大同民一丝，此皆自携来，今罄囊与汝辈，为我叠石掩井，以毕我志。"于是悉大小家眷十六人，尽投井中，众人为掩土，相哭而去。

宣府

巡抚宣府右佥都御史朱之冯，字勉斋，南直徐州人，乙丑进士。时上党废弛日久，之冯履任未几，而寇至促迫，严设备御，劳辛备尝。三月十一日，寇至，奸镇王承胤欲缚之冯以降。之冯谕以大义，洞悉顺逆利害之说，众莫听。之冯知难作，趋投井中死。仆急出之，复苏，又自缢。遗疏陈守御事甚悉，上叹惋。未几而都城陷矣。

京师

京师二营将军贺珍，保定人，忠勇天成，性直不回，临阵果毅无所屈。贼既迫，珍屯于平则门外，部卒素练，及贼至，迎战，斩贼甚多。部下无不人人力战，战卒少，止千骑，渐杀伤至二百骑，皆力战不休。珍度不敌，叱卒去："我自一人当之。"部卒渐解。数卒犹不忍离，从珍同陷阵，力战而死。

千总徐文朴，顺天人。贼逼都，文朴屯德胜门外。贼至，率部卒迎至阜成，奋勇直前，苦斗死。京营兵四十余万，部将以千计，临敌力战，死于疆事者二人而已。嘻！

李闯纠众

闯一人横行于天下者，非以英勇盖世，才智过人，问："何以至此？"曰："君不一德，臣不一心，上无速亡之行，下多趋乱之徒。加以时荒岁歉，则民食不敷；国空帑虚，则兵饷不济。闯当此攻城，何城不克？当此纠众，何众不从？于是犯阙破关，由秦及楚，先陕，次庆阳、榆林、大同、西安、宣府、宁武一带，势如破竹矣。"

攻河南，得军师宋矮子（名献策）；攻南阳，得荆州任光荣；攻宝丰，得举人牛金星（并其子生员铨）；攻荆楚，得回回牛万才；攻洛阳，得伪军师田虎；攻承天，得参将朱养民；攻荆州，得夜不收王耀；攻禹、郑，得参将周凤梧；攻洛阳，得举人孟长庚；攻荥阳，得知县陈荩；攻长葛，得生员张虞机；攻荆州，得伪将谢君友；攻洛阳，得伪将任继荣；攻荆楚，纠蕲黄贼蔺养成；攻西安，得一只虎李过；攻商州，得生员姚胤锡；攻汴梁，纠蕲黄贼贺一龙、伪争世王贺锦、治世王刘希尧；攻黄陂，得伪将左良玉；攻潼关，得伪道杨王休；攻平阳，得进士张嶙然；攻乾州，得进士宋企郊；攻荆楚，得伪将刘宗敏；攻西安，得义子张鼎；攻庆阳，伪将马世荣降；攻新城，得举人张国秉；攻西安，得伪将刘芳亮；攻陕西，得伪将白鸠鹤；攻洛阳，得伪将袁宗第；攻叶县，得伪将阳彦；攻汴州，得伪将赵应元；攻大同，得伪将刘体纯；攻縠城，得旗鼓范鼎华；攻安陆，得伪将白旺；攻汉川，得伪将谢应龙；攻信阳，得伪将韩华美；攻汉阳，得伪将谷可诚；攻阳和，得进士傅景星；攻秦关，得进士陆之祺；攻河南，得进士傅颍；攻顺天，得举人王顺杞；攻枣阳，得进士何瑞徵；攻嵩县，得进士韩曰维；攻邹平，得进士吕弼周；攻临川，得进士傅铨；攻顺天，得进士柳寅东；攻襄阳，得举人贺久邵；攻陕西，得举人高翔；攻汴梁，得伪将党守素；攻汉川，得伪将马世太、高一功、冯确；攻榆林，得伪将辛思忠；攻宁夏，得举人陈之龙。（陈之龙，江西举人，原官监军道，后降闯，授伪职陕西宁夏节度使。初，李闯父死，母改适一军士，调赴宁夏。军士又死，遂流寓其地，与数少年通。时提筐往来军士民家鬻衣物，或男女有欲私者，为之牵合焉。及闯僭号，人或为母言其生辰及里居小字，相别岁月，并符语。颇闻于节度使陈之龙，遂密疏其事，改馆阴膳之；而所为数少年者，居然享嫪毐之奉。数日，闯不按验，章亦不下，至今宁夏人传为永昌皇太后云。）

张献忠攻麻城

张献忠自岳渡江至荆，与回贼合营，其势猖獗。攻麻城越月，麻城士卒坚守不下。天雨十日不霁。献贼性狂躁，杀戮横行，急求晴霁，于高阜之处祷天曰："若明日晴霁，愿供朝天烛一盘祀之！"众贼未解。明日，天果风卷云收，顿有霁色。献掠近城妇女有缠足者，尽执之，遂割去缠足千余人，以盘盛之。献意未足，欲寻一缠足中极小者，加于众足之上始快，求之弗得。身挈一妾，极美丽，缠足极小，献素宠爱之。妾言曰："众足未能如我之足。如能寻得似我之足，始可加于众足之上。"献顾妾足，果小，竟忍割爱，遂命左右即将妾足割之，加于众足之上。献曰："不亦快哉！"是日城陷，得肆劫，劫于荆楚之间，几无余地矣。

开门迎入

司礼监太监曹化淳，初最幸，入自信邸，以从龙至御前秉笔，二弟并至都督，诸侄率世袭锦衣。寻以告休罢职，寇急，复起化淳督守彰义门，统兵百余骑。十八日日晨，贼炮击城，甚急。化淳督战，即于诸将前诈曰："贼已上城矣！"城卒奔溃，轰声雷击，不可止。化淳开门迎入，城遂不守。化淳且先驱导闯入大内，于是诸臣劝闯登极。其表有云："万姓归心，独夫授首。比尧舜而多武功，迈汤武而无惭德。"一时传为周钟之笔，而实非也。（云间徐汧目击创稿，独此数语，非周钟笔也。汧云："尝于陈侍郎前辩之，而陈侍郎不以为非。"可知此诚非周钟笔也，明矣。）

十九日，内城既陷，有巨珰领兵千余人出宣武门而去，他玛有随之者，悉用炮击回。因有谓圣驾在其中者，总不知何许人也。

见机先遁

石矓，癸未进士，陕西人，不罹闯祸。谭贞良与石矓独坚志深匿不出。京师九门俱开，贞良、石矓遂遁走金陵。其余则仕官为多，而善匿者不数人焉，聊志其略。闯入以执掠者，因以报名求禄见获。

曾五典、宫伟镠、施熿、严通。

右四人，并不见执而遁，人不知其相继潜出都门也。余尚复有数人，其名不可尽知，姑阙之。

其报名而未受职者，史夏隆也，何《明史》著之《忠义传》？夏隆，南直宜兴人，康熙二十一年始卒。

卷三　大行骖乘

（甲申三月在京殉难诸臣）

稽古之失天下者有矣，不称同死社稷之为贤。飞廉死商之难，恶来哭纣之尸，皆不可为忠。长恶速亡，罪之大者也。春秋二百四十二年之间，杀君三十有六，而称死君之难者三臣。宋督杀其君夷，而及其大夫孔父；宋万杀其君捷，而及大夫仇牧；晋里克弑其君卓，而及大夫荀息。然皆死于乱臣残杀，而非引颈自裁者也。卫之石碏，号为纯臣，不死州吁之难。齐晏婴以贤而不受崔杼之祸。周、召二公著共和之勋，不与流彘之害。人臣谋国之忠，岂徒贤于一死者哉？如皆死而已耳，是社稷可以墟，国君可以亡，天下可以拱手而授贼，所谓谋人之社稷，谓何而徒以一死自厉也？三代而下，所得与社稷同亡者，往往而然。近代之烈，则莫不以文信国为称首。然信国非以主亡而遽自戮也，其入燕也凡三年，而后死。丞相孛罗诘之曰："尔立二王，竟何成功？知其不可，何必强为？"信国曰："父母有疾，虽不可为，人子无不下药之理。"由是言之，信国岂徒拱手以天下与人，而第以身殉为烈哉？明之所以失天下者，主无速亡之行，臣多趋乱之图，议论纷更于朝，使天子无终朝之令。知国已危，则争求衔令以远行避祸为贤，进人不必忠良，誉人必张朋党。政以贿成，爵以贿贸，此必不可移之志也。天子欲行其所是，诸臣无所利于其间，则必曲回其令以罢之。天子欲去其所非，诸臣无所不利，则力张其说以行之。夫先帝以明察英断之君，而号令几不行于臣下如此，尚何天下之可为哉？至于保社稷，策权宜，备祸变，诸臣无一有也。其万一可全之策，莫如李邦华等议太子南行，而光时亨非之。石𪻯欲单骑走陕西，连羌夷，内合三镇，克复西安；否则退守西河，使贼不得东渡。随地权宜，召募忠勇，不费朝廷寸兵粟饷。而李建泰以为新进未可骤用，俟臣至彼酌之。既而受命不出境，贼至不一战，时亨首以城降，是二臣者岂可不磔乎？谋既左矣，又觍然事敌，贪图富贵，豹虎畴食其余耶？及告变，大行皇帝遂崩，一时从死者三十余臣。而拷掠筜挞，拜舞劝进者以千计，向之称謇谔臣者，莫不咸在其间。由此观之，诸臣能从先帝于地下者，其视俛首贼庭，相去远矣。《记》曰："谋人之军师，败则死之；谋人之社稷，危则亡之。"诸臣与社稷同亡，而不以社稷称者，何也？余以邪臣日众，虽有善者莫之能谋，故曰："大行骖乘。"言皇帝已大行，而诸臣能随其后，而执珥策以从耳。虽无建德立功，樊卫社稷，而轵绁之仆，奔走之劳，使大驾不孤行于地下，其犹贤乎居守而毁柈，污面而俘系，灭耻而臣贼者矣！然而读史者至明之季世，其于社稷存亡之际，盖难言哉。

世臣

少傅宣武伯卫时春，字宇和，定远籍，华亭人。贼既入，率妻子共投第中大井死。阖门尽节，无一遗者。

戚臣

新乐侯刘文炳，字洪筠，直隶任丘籍，南直海州人。贼逼，叹曰："身为戚臣，义不受辱，不可不与国同亡。"其妹皇亲李氏，早寡，年未三十。文炳召之曰："尔家非避患地，宜来归。可以口命。"妹遂归。父继祖，及祖母瀛国夫人，先帝外祖母也，年九十。甲申三月十九日城陷，俱投井中。文炳呼其妻孥悉避楼上，拔其梯，纵火燔之。童孙幼女号啼呼文炳，文炳曰："噫！儿且去，我寻即至耳！"悉焚其第，遂自缢，共燔火中。大小儿女死者十六人。

左都督刘文耀，新乐侯文炳弟也。城陷，投井死。

惠安伯张庆臻，字凤华，河南永城人。城陷，与长子承荫及阖门登楼自焚。惟次子承恩、少子承志，正月先移居山东，得免。

锦衣卫都指挥王国兴，闻城陷，举火焚其正寝，危坐而死。贼至，拨煨烬，见其尸犹危然南面而正坐焉。

　　驸马都尉巩永固，字鸿图，顺天大兴人，光宗婿也。都雅好客，喜读书，工诗赋，善骑射，帝甚爱之。二十五日，永固入朝，上询救时切务，永固说上南迁，请卫驭以从，力可召募义兵数万，寇乱不难定也。上曰："义兵何易！"永固曰："岂独数万，果如臣策，即数十万，度可必致。若徒守京师，京师已玩弊久，只坐困，无益也。"上不听。及寇逼外城，上密召永固曰："卿向说朕南行，能集兵数万，今犹及乎？"永固曰："今无及矣！"上曰："卿言可致数十万，何乃云无及？"永固曰："暇日人易集，今事急，人心尽乱，虽一卒亦难致也。"时新乐侯刘文炳并在，上因言："两卿各率家丁护从南行，可乎？"刘、巩并曰："家丁何足以当贼锋？况臣家素谨，不敢私蓄家丁。"遂退。明日，城陷，公主已先一年薨，枢尚在寝。生子女四人，悉以黄绳系之樣旁。聚古玩书画环绕殡宫，杂置积薪，焚之。永固大书："世受国恩，义不受辱。"自投火中，并死。

文臣

　　内阁大学士范景文，字质公，北直吴桥县人，癸丑进士。平时以兵略自任，筦南枢时，撰《师律战守全书》。癸未，除北大司寇。是年冬，与李建泰、丘瑜、方岳贡同日拜相。及寇逼，曰："身为大臣，不从疆场少竖功伐，虽死何益？"十八日召对，已不食三日矣。十九日，城陷，景文至演众所，闻贼已入宫，或言先帝驾崩，或言南巡。叹曰："不知圣驾所在，惟有一死，以报陛下。"步至夹巷后，投井死（井在龙泉庵之南首）。一妾闻景文死，痛哭自缢于夫人陆氏枢前。

户部尚书兼国子监祭酒、翰林院掌院学士、经筵日讲倪元璐，字鸿宝，浙江上虞人，壬戌进士。崇祯初，历官翰林侍读。元年戊辰，元璐奏毁《三朝要典》疏曰："臣观梃击、红丸、移宫三议，哄于清流，而《三朝要典》一书，成于逆竖。其议不必不兼行，而其书不可不速毁也。盖当时议起，即盈廷互讼，主梃击者，力护东宫，争梃击者，计安神祖；主红丸者，仗义之言，争红丸者，原情之论；主移宫者，弭变于几先，争移宫者，持平于事后。六者各有其是，不可偏非也。而奈何逆珰害人，则借三案；群小求荣，则又借三案！而三案之面目全非，故凡推慈归孝于先帝，犹夫颂德称功于义父。于是崔、魏诸奸，创立私编，标题《要典》。由此而观，三案者，天下之公议；《要典》者，魏氏之私书。三案自三案，《要典》自《要典》，翻即纷嚣，改亦多事。以臣所见，惟有毁之而已。夫以阉竖之权，诚难屈役史臣之笔，自古未闻，当毁一。未易代而有编年，不直书而加论断，若云仿佛《明伦》，规模《大典》，则是忠贤欲与肃皇争圣，崔呈秀可与张孚敬比贤。悖逆非伦，当毁二。矫诬先帝，伪撰宸篇。既不可比司马光《资治通鉴》之书，亦不得援宋神宗手制序文为例。假窃诬妄，当毁三。况七载非难稽之籍，实录有具备之书，何事留此骈枝，供人唾骂，当毁四也。"疏奏，上嘉纳之。甲戌，除翰林侍读。乙亥，擢国子祭酒。丁丑，放归。壬午冬，起右司马。时满洲兵方薄徐、淮，道路颇棘。元璐募健丁数百骑，夹驰入京师。上闻之，甚喜，即日召对。元璐陈御寇方略机宜甚悉，时癸未三月也。逾月，以司马特进户部尚书。命下，元璐辞。上召元璐至中左门，谓曰："卿忠诚敏练，诸所奏章，井井有条，以此知卿。且帝王用才致治，原只一二人为之。即高皇帝所用文臣，不过刘、宋辈几人。朕用卿户部，实图力致太平。今用人为急，毋固逊。"元璐顿首受命。当是时，寇既入秦，元璐奏：蠲沿河租税，多筑敌台，汰冗官以遏群寇。顾懦弛日久，势难骤行，而寇卒渡河。十七年二月，解司农印，复入翰林，供经筵日讲起居注官。三月十九日，平旦，都城既陷，元璐整冠束带，望阙四拜，南面拜母，取酒奠邸第武安侯前，对酌三盏。方命酌，而四明施邦曜过之问元璐曰："君将奚若？"答曰："方命饮，饮毕即自缢，从先帝驾耳。"邦曜曰："如此，我亦从君行。"元璐曰："诚如是，再加一盏，与君共之。"更与邦曜对酌三盏。邦曜起，元璐曰："君速反舍，即能践此言，慎勿往与他人语。若少迟，君不复死矣。"邦曜诺。既去，元璐出厅事前，南向坐，携一巾，语仆人曰："我分当死，意决矣，勿得解我。"因举手自缢。众欲解之，一老仆曰："此主翁成仁之日也，勿可违命。"遂绝。耳中微流血，鼻垂双箸者寸许。后贼至，见其丧在堂，相与叹异，戒众勿得再入其室。（元璐题几案云："南都尚可为，我死分也。慎勿棺敛，以志吾痛。若即欲殓，候大行殓，方可收吾尸。"）

詹事府左谕德兼翰林院侍读周凤翔，字巢轩，浙江山阴人，戊辰进士。十九日，贼既入，或言圣驾南巡，自成悬赏购甚急。凤翔曰："若至尊无恙，吾犹可不死。"二十一日，入朝，太监王德化求以天子礼祭奠先帝，诸臣大哭。凤翔遂出，作书寄父母曰："国君死社稷，人臣无不死君上之理。况身居讲职、官为侍从乎！父母生我，育我，教我，以有今日。幸不亏辱此身，贻两大人羞，我事毕矣。罔极之恩，矢之来生。万千珍调，不必以男为念。时晷迫矣，不能多书。"复作绝命辞一章，投缳而死。其辞有云："碧血九泉依圣主，白头二老哭忠魂。"有二仆从之俱死。

右春坊右谕德刘理顺，字湛六，河南杞县人，甲戌状元。为人淳懿古穆。举进士，殿试时，详览制诰中更增一事，因条对甚具，而所增乃上所自制者也。上乃擢为第一。甲申三月十九日，城陷，书绝命辞云："成仁取义，孔孟所传。文山践之，吾何不然？"遂命其家人云："勿使我得见贼，亦勿使贼见我。我死，可速掘地埋我。"遂自缢，其家属并缢，有幼子抚于薛所蕴焉。理顺方死，贼众数百拥门曰："刘状元居乡最有德，里人莫不被其恩者。此来正欲拥护以报，何遽死也？"胪拜跪哭而去。理顺妻李氏及子孝廉并奴仆十八人阖门缢死。时谓臣死君，子死父，妻死夫，仆死主，一家殉难者，以刘状元为最。

左春坊庶子马世奇，字素修，南直无锡人，辛未进士。于三月十九日，方早食，闻寇入，遂罢饭，曰："不知圣驾何往。"叹曰："是固当死，正不在早。"明日闻帝崩，及二王执，曰："吾获死所矣。"其仆曰："死忠固是，奈太夫人何？"世奇曰："不死，亦大辱太夫人。"言讫，朱、李二妾盛服至前，世奇讶曰："若以我就死，将辞我去耶？"二妾并言："主人尽节，吾二人当拜辞，亦欲以节自尽。"遂下拜毕，并入室缢死。世奇乃设香案于庭，置〔司〕经局印、牙牌其上，拜之，复南向遥拜其母。遗书一通，裂帛自尽。

翰林院检讨汪伟，字长源，南直休宁人，戊辰进士。初授浙江慈溪知县。丙子，行取入京。戊寅正月，召对文华殿，面陈救时切务，改翰林院检讨。平时书邸壁云："看世不破，为世所弄。看人不破，为人所弄。看身不破，为身所弄。"其识度如此。甲申春，寇急，遗陆阁先给事书云："京师弱，不惟不能战，抑不能守。八城半失，秦晋全亡。肘腋交乘，怡然不悟。大声疾呼，人尽掩耳。势将不救，惟有一死以报国恩而已。"比闯入，趋吴甘来所，约与同殉。归与妻耿氏设酒饮，握管大书于壁，曰："志不可辱，身不可降。夫妻同死，忠节双芳。"遂就缢。伟先悬右，耿悬左。耿曰："虽颠沛，不可失序。"乃解绳重整，正左右而死。

都察院左都御史李邦华，字懋明，江西吉水人，甲辰进士。初以忤珰罢职，后历南大司马，至都御史。甲申春，贼陷宣大，邦华奏请太子南行，科臣光时亨以为不可，议遂寝。及城陷，邦华向文丞相像前再拜，口占一绝，正坐，饮药而卒。贼至，见其冠带危坐，以为巨宦，趋前争之，至，则邦华尸也，惊叹而去。邦华题阁门云："堂堂丈夫，圣贤为徒。忠孝大节，之死靡他。"

左副都御史施邦曜，字四明，浙江余杭人，己未进士。耿介廉洁。闯入，邦曜即过倪元璐，共决死期。与元璐对饮三爵，归作绝命诗一章，云："惭无半策匡时难，惟有微躯报主恩。"遂自缢。

大理寺正卿凌义渠，字茗柯，浙江乌程人，乙丑进士。城陷时，举生平所撰及批览诸书，悉焚之。服绯正笏，望阙北拜，复南面拜父。客赵生曰："公志决矣，何不早遂其节？"为系之窗棂，奋身而绝。

协理京营戎政兵部右侍郎王家彦，字尊五，福建人，壬戌进士。协理戎政，营兵掌于勋臣，督以太监，操纵则统于大司马，不能尽其欲为。寇逼，守德胜门。十九日平旦，投城下，遂即民间颓屋中自缢。

刑部右侍郎孟兆祥，字肖形，山西泽州人，壬戌进士。熹庙时，忤珰褫职，后历大纳言。甲申三月，晋刑部右侍郎。子章明，字绚宜，癸未进士，闻变来省。兆祥语章明曰："我国之大臣，分在一死。尔未授职，盍去乎？"章明对曰："人生大节，惟君与父。君既死矣，父又死矣，臣子何以生为？虽生亦无益矣，誓必同死。"兆祥继妻何氏谓其媳李氏曰："彼父子既死忠，我姑媳可不死节乎？"兆祥守正阳门，贼至，死于门下，妻何氏亦投缳死。其子章明收葬父尸，亟别其妻李氏，曰："我不忍大人独死，吾往从大人。"妻曰："尔死，我不独生。"章明抢地曰："谢夫人！然夫人须先死。"乃遣其家人尽出，只留一婢在侧。视妻缢，取笔大书于壁曰："有侮吾夫妇尸者，我必为厉鬼杀之。"妻气绝，取一扉置上，加绯衣。又取一扉置妻左，亦服绯自缢。嘱婢曰："吾死，亦置扉上。"遂死。

太常寺少卿吴麟徵，字磊斋，浙江海盐人，壬戌进士。放榜之夕，梦一人叉手向背吟曰："山河破碎风飘絮，身世浮沉雨打萍。"觉以为不祥，书之壁间。有谒麟徵者，见曰，"此文信国语也，何以书此？"麟徵语之故，相与叹异。平时常书座右曰："要穷就穷，要死就死。"甲申三月，以吏科都给事中晋太常寺卿。未几，贼急，受命守西直门。擐甲佩刀，短衣露宿，同士卒卧起。登城者独宦寺，麟徵不得上。十六日，寇骑有薄城者。麟徵驰德胜门、平则门，议守。以西直门最当贼冲，欲塞其门，禁出入，内官不从。十七日，贼队掩至，炮声轰震不绝。勋戚卿贰府部诸臣，求一登城望敌，不可得。麟徵怒，夺路而上，见贼势甚悍，攻各门皆急甚，无敢闻上者。麟徵戎服，单骑入西安门，门监少宰沈惟炳云："门内宦寺非相识不可入，奈何？"麟徵排闼入，至午门，遇阁臣魏藻德云："大司马已四面调发，此时兵饷皆足，公何须尔？上已烦极，幸毋妄陈。"麟徵大哭，泪滴阶石。藻德挽之而出。十九日寅刻，九门尽陷，城兵哗堕而窜。麟徵返，闭户自缢。遗书云："祖宗二百七十年宗社，一旦而失。虽上有龙亢之悔，下有鱼烂之殃，而身居谏垣，徘徊不去，无策匡救，法应襺服。殓时用角巾青衫，卧以菅席，覆以布被，足矣。枢宜速归，恐系先人之望，祈知交为我即许焉。若国家深泽，岂遂泯灭？四海九州之大，不乏忠义之贤，使天未厌明，则仆犹以一死为赘，是所望于有心君子。"祝渊及从者哭其尸而殓之，越三日，面犹如生。后贼过其门，曰："好男子，真忠臣也！"

太仆寺寺丞申佳胤，字素园，北直永平人，辛未进士。初以吏部郎中被劾，因被谪。后起为太仆寺丞，闻变自缢。

户科给事中吴甘来，字和受，别号萃庵，江西新昌人，戊辰进士。由中书舍人考选刑科都给事中。十九日城陷，或言圣驾南巡。甘来曰："上明且决，必不轻出。"乃疾趋皇城，兵卫纷驰不得入，遽归。而兄子家仪自外至，相与恸哭。诀曰："吾不死，无以见□。然祖母尚在，汝若死，无以终养。且使皇上在，则土木袁彬、靖难程济，皆可为也。否则求真人于白水，庶几庭帏无子而有子，庙堂无臣而有臣矣。"遂衣冠北拜者五，南拜者四，赋绝命辞云："到底谁遗四海忧，朱旗烈烈凤城头。君臣义命乾坤晓，狐鼠干戈风雨秋。极目山河空泪血，伤心萍浪一身愁。洵知世局难争讨，愿判忠肝万古留。"赋毕，引佩带自缢于室中而绝。

河南道监察御史王章，字芳洲，南直武进人，戊辰进士。贼逼，同光时亨巡城至东直门。贼拔城，而光时亨已先跪请降矣。贼呼章曰："降乎不降？"章曰："不降。"贼奋刀斫其膝，章骂不绝口，遂被害。是变也，死之最先者，王章也；降贼而开门最先者，光时亨也。章子之栻，亦死难于闽，甚烈。

四川道监察御史陈良谟，字宾日，浙江鄞县人也，辛未进士。甲申，尚未生子。闻变方卧病，妾时氏有娠。良谟嘱其族侄曰："吾死，若可携之南归，若诞生男，使守。汝能始终膳给之，甚善。若生女，且不能守，则凭若处分可也。"侄曰："所命皆不能任，恐或不终，有负大人耳。"妾闻之，使婢致辞良谟曰："拜复主公放心，我即随去耳。"遂掩户自缢。婢子以告良谟，良谟曰："能如是，我亦瞑目矣。"遂自枕上自勒死。

吏部考功司员外郎许直，字若鲁，南直如皋人，甲戌进士。城陷，从者劝直报名，直曰："我计已决，勿多言！"时有言驾从齐化门出者，客羊生谓直曰："天子南幸，公等止宜拥跸行至南朝，共图克复，何必以有为之躯轻掷也！"直怃然出户顾望，叹曰："当此四面干戈，驾将焉出？"比知大行凶闻，恸哭几绝，羊生复慰之。仆众环跪而哭，共言："亲老子幼，何过苦若此？"直曰："我幸有兄在，无忧也。"夜寝羊生于别室，直呼仆授书，归报父。更衣冠，遥拜君父讫，作诗六章：有云："微躯自恨无兵柄，杀贼徒殷报主心。""丹心未雪生前恨，青简空留死后名。"书毕，命仆取麻练，作缳自缢。既绝，一手持练尾，一手上握，神气犹生。

兵部武库司郎中成德，字玄察，山西霍州人，辛未进士。贼至，德先寓书于马世奇曰："主忧臣辱，我侪不能匡救，贻祸至此！惟有一死报国。年兄忠孝夙禀，谅有同心，预订绝期，毋忘息壤。"贼入，未知圣驾奚若，入朝遇张缙彦于午门外，德以头触其胸曰："若辈平日不听我言，故至此！"既知大行驾崩，德哭之于茶庵，遂归见母。太夫人曰："我以汝必从先帝死矣！何又归也！"德痛哭于前，不语。太夫人遽入室自缢。成德自杀，其妻及妹遂自缢。

兵部车驾司主事金铉，字伯玉，南直武进人，戊辰进士。历官工部都水司，监督器皿厂。崇祯四年，奏总理户工两部监督太监张彝宪不得监署，又力遏两部郎中官不得进署谒监。彝宪大怒，是年正月，彝宪督验火器，劾削籍，家居。十年，丁父忧。当道屡以好学英士荐铉。癸未冬，奉旨复职。甲申服阕，二月四日除兵部车驾司，巡视皇城。三月，闯陷大同，报至，铉奏请撤宣府内监，略曰："贼陷大同，势且逼宣府。宣府失，大事去矣。抚臣朱之冯忠孝为心，智勇足备，力能率众死守，特恐监视内臣中掣其肘，深有偾事之虞。乞亟撤内臣，专任之冯，必能使贼骑之不敢窥宣也。"未几，而内臣率镇迎贼，之冯殉焉。十九日城陷，遂易冠服，拜母，诀曰："儿职在皇城，即死皇城为正！"遂哭入西北隅，临海子河而坐。有顷，中官尽窜。遥望贼骑将入，遂投入海子河。从者牵出之，再投深渊而死。从者奔告其母，母章氏曰："我为命妇，决无生理，宅中井可入也！"亟投井死。铉妾王氏见太夫人入井，大哭，继入而殒。铉弟镶哭曰："母死，我必从死，然母兄未归土，未敢死也。"遂棺殓其母兄。既葬三日，复投井死。

光禄寺署丞于腾蛟，顺天人。贼至，谓妻曰："我为朝廷命官，尔为朝廷命妇，岂甘为贼所辱？"遂服衣冠，夫妇从容共缢。

御史赵撰，巡视中城，城陷，贼获撰。撰瞋目大骂，贼怒，杀之白帽胡同。

副兵马司马姚成，浙江余姚人。城陷，自缢。

原任濮州知州马象乾，顺天人。休职林居，闭户静处，恂恂有古儒者风。十九日，寇入，举家自缢。遗尸无有葬者，行路伤之。

中书舍人滕之所、阮文贵投御河而死。

中书舍人宋天显缢于署。

太医院吏目杨元，城陷，与妻何氏自缢。

顺天府府知事陈自达，城陷自缢。

阳和卫经历毛维张，被执不屈死。

内阁行走带经历俸张应选，字虞宾，宛平人。闻贼陷宣大，知势去，指屋梁谓友人曰："国恩难报，此梁为我毕命处也！"及城陷，同妻妾子女凡五人，尽节自缢于寝室。

士民

儒士张士禄，二子懋赏、懋官，父子俱自缢。

童生王文彬，闻城陷，悲愤捶胸，呕血数升而死。

居民田祥宇，闻贼入，耻为执辱。纵火焚其家，阖门尽死。

居民李梦禧，字小槐，顺天人。妻杜氏，二子二女，一婢。闻贼入，相期共死。长女金姑，年十七，已字未嫁，同母、弟、妹、婢一时先缢毕，梦禧遂自缢。平时轻财耿直，戚里伤之。

菜佣汤文琼，见先帝梓宫过门，恸哭触石死。

李姓磨坊，住安定门内，亡其名。贼入，语人云：“我薄治产业，皆明朝物也，岂肯留与逆贼乎？”遂集大小男女，及牲畜资财，焚灭无遗。

曹持敏，顺天府诸生。嘉靖壬戌进士曹子登之曾孙也。其母张氏，于三月十五日寇急时，率其四子一女哭于家祠中，曰：“我曹子登之裔，世受国恩，义不受辱，阖门矢死无愧耳！”及城陷，张即自缢，全家皆死难。

北城察院皂隶，亡其姓氏。城陷，阖门悉焚。

甲申之变，城陷而自殉义者，不可胜纪。其氓士尚有数十辈。闻者皆略言其人，失其姓氏，遂缺而不传，惜哉！

武臣

统领京营将军贺珍，陷阵，力战而死。语详《疆场裹革》。

千总徐文朴，临敌力战，死于疆事。语详《疆场裹革》。

锦衣卫南堂指挥同知李若琏，字方山，山东人，戊辰武进士。守崇文门。城陷，作绝命诗，有云："死矣即为今日事，悲哉何必后人知！"遂自缢。若琏者，即礼部尚书若琳之胞弟也。

锦衣卫街道坊掌刑千户高文采，宛平人，守宣武门。寇至，合家十七人皆自缢，共埋一坑。文采后缢，骨肉狼藉。行路悼以诗，有云："狗衔零骨筋犹挂，乌啄新尸血未干。"

原任昌平守御任之华，字中华，顺天大兴人，丙戌武进士，任心源侍御之次子也。豪放不羁，家中竟落，顿悔前行，肄业力武，中进士，除昌平守御。未久，即告归。甲申寇入，喟然长叹，告诸同列曰："我世受国恩，义不与贼共天日！"遂投缳堂右。弟之封解之，复苏，家人守护之，垂泪无语。至暮，复逾墙自缢于邻舍空屋。

百户王忠，周钟寓其家，百户劝钟死节，钟不应，出门欲降。百户挽钟带，至断，不听。百户自缢。

毛百户，遗其名。住观音寺胡同。贼入，举家三十余口悉入井死。

武弁吴姓，亡其名，住江米巷。传其夫妇同缢。

宦官

统领内外军营提督九门司礼监王承恩，顺天人，初为司礼秉笔太监。大同告陷，上命承恩提督京城内外诸军务。十八日中夜，承恩执枪随驾，夺门出。不得，还至万寿山下。从上跪系于巾帽局而死。自成得其尸，殓之。

司礼监掌印太监高宇顺，顺天人。预设一棺，积薪其旁。城陷，遽入棺内，呼左右烧之。左右莫应，因大骂。一小内监曰："公意如此，当如公意！"遂引火燔之。小内监旋亦自缢。

田太监，亡其名，住白塔寺后。十九日自缢。命下人卷其中橐以逃，余书籍花盆在焉。后杨士聪居之。览其中，书多写册，亦有手录者。读书好学，尽节殒身，而名灭不称，悲夫！

馺览国家祸败之兴，不尽由金壬之罪也。其臣子以虚名贸实祸，蔑以德胜乎奸回，使人主反其所亲，以覆溺天下。乃不自引其咎，而率尤上以厌薄朝臣，崇信内竖，岂不悖哉？然而阉竖之设，自神宗辛丑以后，不复选用者二十年。熹庙时仅一。至上，十七年间，选用至三。内禁增万人，岁增月米七万三千，靴料银加多五万，此亦可已而不已之费也。自魏珰肆逆，上独断诛之，躬揽倒持之柄。遂谓左右近侍，由我进退，不复专任朝臣，恒使阉竖制其机要。王承恩总理军务于大同之既陷，曹化淳督彰义门于居庸之失守。朝无可信之臣，使中官有颇、牧之任，不亦羞朝廷、辱天下之士哉？及夫内城告陷，化淳开门纳贼，皇帝始怒偾事之深在于阉竖，乍有成国之谕。虽事不果行，而举承恩兵柄，顷刻付之成国，觊以元勋国戚佐东宫，以图万一之助，而独召承恩侍从，以至于死，岂非悔悟于垂亡之刻与？第承恩身握重兵，而不谋奉驾，不能徒以上之恩遇既重，迫于死事。驾崩不得不成死事之忠。呜呼！果能忠于死事焉！虽然，操天下之重兵者，非一中官已也。中枢乏于、石之谋，外镇鲜秦、郑之旅。张缙彦坐握枢务，而俯首延贼；李国桢滥宠数年，而觍颜就缚。若者虽脯其胾，炊其骨，犹不足以充其罪也。今或置而不言，而以责乍督军务之承恩，不亦过乎？

卷四　跖餔遗夜

（李闯拷掠诸臣）

昔盗跖徒卒九千，横行天下，侵暴诸侯，穴室枢户，驱人牛马，取人妇女，贪得忘亲以苦百姓。既休卒徒泰山之阳，脍人肝而餔之。此非取天下者也，而自昔称此以为盗俑。其后欲以盗盗天下，而卒不能成其大业者，樊崇也，黄巢也。崇不自帝，而立盆子，以剽掠为事。巢之既陷京师，入春明宫，宫女数千，胪拜称黄王。巢喜，乃舍田令孜第，以金帛抵穷人。数日，复掠榜居人索财，号曰"淘物"。今自成亦然，而刑烈于巢，其志在于淘物而已。故一时被刑戮者，谓之"跖餔"；刑不尽杀，谓之"遗夜"，所以张其盗而甚其毒也。抑仲尼有言："冶容诲淫，慢藏诲盗。""《易》曰：'负且乘，致寇至。'盗之招也。"可不省诸！

拷掠诸臣

三月十九日，李自成入大内，逆阉曹化淳为先驱。既入，自成谓曰："若背主献城，罪当斩。以汝能识天时，免死。须献银五万，方准用。"化淳如数上之，用事如故。

二十日，伪国公权将军及礼政府，奉伪命传示文武百官，悉到府报名。而伪相牛金星言："各官俱于次日朝见。朝见后，愿去者听去，敢有抗违逆令者斩之。"于是争诣权府、礼政府，报名甚众。

二十一日，百官候于午门。晡时闯及牛、宋始出，列兵卫而坐。李闯南面正坐。牛金星西面东上坐，宋献策东面西上坐，顾君恩左次坐，刘宗敏右次坐。金星执旧缙绅，唱名花点，嬉笑詈骂，恩威不测。令曰："应点迟，以军法从事。"翰林卫胤文、林增志、杨昌祚、宋之绳、方拱乾、刘肇国，皆已先薙发。李闯曰："既已披薙，又何报名？"呼吏卒悉拔去余毛，众皆愕然。于是一官用马兵二人，执刀随之，驱往西华门外四牌楼街。兵四人驰马腾践，若蹴羊豕。行少迟，鞭梃雨下，人人自以为必死不复生。顷之，忽传令云："前朝犯官俱送权将军刘处分。"既至，刘宗敏方拥妓欢笑，饮酒为乐，命兵士各回营守之。百官囚服羁系，彷徨困殆，枵腹疲惫，绝不堪忍。然幸须臾得缓死矣。明日复至刘宗敏所，以次论赃：一品累万，以下至七品累千。能，即立搜进之；不能，即加严法。一府不可悉容，分置伪将军田虎、制将军李过。而二将转属郭、李诸部将，共加刑杖，桁杨箠楚，无所不至，又有炮烙、火尺、捆弦之法，目所未见。其法悉秉于两将军，而贼党之夙仇深隙者，必假威以报焉。总兵王朴部卒在贼中者，以朴仇磔杀陈君牧而籍其家。若此类事多有。富贾平民多就擒缚，搒掠殆尽，薪米皆入军。城中饥死者甚众。然其名氏皆不足数，而朝士众多，不可编纪。今取名世公辅及词臣部台之最著者，志其略焉。初，自成之命权将军曰："罪者杀之，贪鄙多赃者刑之。"而诸将多拷掠无辜。士众有怨者，自成谓诸将曰："何不助孤做好皇帝？"制将军曰："皇帝之权归汝，拷掠之威归我，无烦言也！"呜呼！由自成之言推之，则刑不下及庶人矣。吁！

元勋世爵

成国公朱纯臣，督守正阳门。十八日三鼓，上既命中宫自缢，而手刃袁妃、公主，遂召提督京城内外军务王承恩至。上语良久，因手书朱谕传内阁，命纯臣总督内外军务，嘱以东宫，且命尽放狱囚。比至阁中，辅臣魏藻德等已出，遂置案上而反。传者复入宫，已不知上所在。所谕亦不果行，而东宫及成国皆不之知。闯既入，得朱谕于文渊阁案上。既收系纯臣于刘宗敏家，二十二日申刻，传伪旨，着即处斩。

定国公徐允祯，守德胜门。贼至，以门降。后四月十二日，自成将东出时，所有元勋世爵，悉戮之。

襄城伯李国桢，三月初四日，上命督练大兵守门。国桢日坐西直门城上。惟监军太监王相尧领营兵，兵无主帅，亦无实籍，贼至遂溃。十九日，城既陷，国桢就擒。自成呵国桢曰："汝受天子重任，宠逾于百僚，义不可负国恩。既不能坚守，又不能死节，觍颜受缚，意将何求？"国桢气沮，无以应。自成大骂："误国贼，欲求生乎？"叱送权将军府，追赃数四，痛加刑杖，残剥而毙。其妻亦为贼所掠，褫尽底衣，抱之马上，大呼曰："此襄城伯李国桢之夫人也！"复大笑，勋臣妇女被掠死者多有，无辱甚于此者。

　　𪼀惟国桢之被宠也，始说先皇以兵强饷足。及贼将犯阙，上召国桢问曰："卿平日言强兵足饷，今日奚若？"国桢应声对曰："臣兵未尝不强，皇上无饷耳。"上嘿然久之。及外城陷，阉臣奔告云："皇上早为脱计，奴辈不能顾主矣！"上曰："大营兵何在？李襄城练兵何在？"对曰："皇上安得有兵？营兵早散，孰能问。奴辈劝皇爷走耳！"呜呼，国所重者，兵也。饷既不足，岁费朝廷数十万，以虚名固宠。每逢召对，诸大臣多跪奏，国桢独从旁立语，睨视上，几无人臣礼。及寇至，尽溃，无一战士。其为误国，可胜戮哉！且愚上以"营兵有司不得擅加刑禁"，阴纵兵为盗。夫谋人军师，败即死之。国桢既不能死，欲求苟活，而被刑戮。好事者妄饰美谈，被之忠节，以快听闻，何其诬也！陈济生《再生记》曰："为贼所逼，作诗数章，大哭先帝灵前，服药而死。"无名氏《燕都记》亦言："国桢二十一日入见自成，以头触地，争三大事，闯尽从之。后送先帝陵毕，遂自缢死。"览者遂曰："何其从容也！"此皆梦中语耳！臣四月入都，亦闻此言，心甚韪之，叹曰："是能以挽盖者矣！"逮五月还都，去襄城第甚近者，言之最详，与前闻乃大异，久而襄城误国之论，盈于人口矣。驸马都尉冉兴让第五子，国桢中戚也，询之，亦云然。而都城君子多有詈国桢为华子奴侪者。又尝从旧御史吴邦臣家扶乩，忽先帝降坛曰："朕误用人，以至于此！"辞皆悲惋不胜。夫帝所信，温体仁也，周延儒也，陈演也，魏藻德、李建泰、李国桢也。呜呼！絷敢以罔先帝在天之灵哉！

英国公张世泽，故国公张惟贤子也。惟贤挺鞭搜宫，立先帝，有佐命勋。卒未几，而世泽为贼勒银，与其夫人共被刑掠而死。思其恩泽仁厚者，莫不伤之。

阳武侯薛濂，天性暴戾，好搒挞平民，掠财。善事权要，恶不上闻。贼追其赃，被掠最酷而死。闻者称快。初，濂拷掠数日，囊已竭矣，不胜再掠，诡言藏金在宅，须自发之。贼令二人舁往其宅，已为贼将占久，诸物尽为贼有矣。贼怒甚，问："藏在何处，当代发之。"不对，舁还，越二日死。其余勋臣，如毛定西辈，大多类此。其不死于刑掠者，四月十二日，皆被杀。

外戚

太康伯张国纪，字宪台，河南祥符人。被执，遂自缢死，籍没无遗。

都督周鉴，即嘉定伯奎之子，素有羸疾，被掠死。弟铉亦被掠。堂弟铭削发而遁，复见获。铭年十九，体肥伟，受掠独甚。

嘉定伯周奎，三月十日，上以饷匮，遣司礼监太监徐本正如太康伯张国纪、嘉定伯周奎第，随宣诏求皆助饷，以为国老休戚相关，宜为首倡，随即力输以备缓急。徐本正先至奎宅，谢言："老臣安得多金！"徐泣谕再三，其辞并坚。艴然起曰："老皇亲如此鄙吝，朝廷万难措手，大事必不可为矣！即广蓄多产，后来何益！"奎乃自具一疏，勉捐银二千两。至是贼系奎而去，籍其家，得现银五十三万，缎匹以车载之，相属于道，诸所充积，尽搜无遗。独虑诸子私殖，不免于刑。悔不从徐司礼之言，至今已晚矣！

博平侯郭振明，追赃被掠而死。振明于戚臣中颇称贤而好义，虚恭下士。二月初，犹募宿儒于五城设教，令民间子弟负笈就学，使贫者不以脯脩为累。当时贤之，而无补于时，惜哉！《绅志略》附死难者，误。

驸马都尉冉兴让，城陷，被执，拷掠追赃几尽，自缢而死。

东宫侍卫周镜，拷掠几尽而死。

都督李国柱，追赃死。勋戚多被掠籍没无遗者，未详爵里，不能尽载。而冯梦龙《绅志略》附英国公、清平伯、阳武侯、永宁伯、博平侯、李都督皆死于难者，误也。不知清平伯吴遵周、新建伯王先通皆戮以祭旗，英国公以下皆刑掠，而永宁伯王长锡则被戮也。

辅臣

大学士陈演，字赞皇，四川井研人。三月初罢相，以寇逼，住都。复多藏，不能骤行。寇既薄城下，演留外城。城既陷，二十一日，遂同藻德拘系刘宗敏宅中。二十七日，索饷，遂举皮箱亲送宗敏家，凡四万两。宗敏喜其慷慨，不拷掠，仍系之。其仆或告贼，言："地下有银数万。"掘之，果如仆言。又言："珠宝最多。"复搜进黄金三百六十两，珍珠成斛。十三日，自成东出，遂命斩之。演于阳羡罢后，极为先帝所任。一时台省有文誉者，初拜阳羡门下，及演用事，复尽投演门。癸未入都，上微闻负宠，私语台臣曰："人说井研不廉，奈何？"答曰："曾是此相而独为不廉乎？"嘻！触邪之任，铁柱之臣，而公论如此。明之所以失天下也！

　　大学士魏藻德，字师令，顺天通州人，庚辰进士。廷试后，应召对，自陈："戊寅为举人时，守通州。"遂赐状元及第。寻以谈兵见拔，遂加少詹，兼东阁大学士，即主癸未会试。自入相，无一建明，而为上所重信。甲申三月三日，加兵部衔，往天津调兵，不果。自成既入，二十日午刻，同陈演留闭刘宗敏家小屋中。藻德自窗隙语人曰："如欲用我，不拘如何，皆可。锁闭此房，奈何！"二十一日，同丘、方二相发营中，羁守之。辱加拷掠，吐金银以万计。四月朔，宗敏夹讯藻德曰："若居首辅，何以致乱？"藻德曰："本是书生，不谙政事，兼之先帝无道，遂至于此。"宗敏曰："汝以书生擢状元，不三年为首辅，崇祯有何负汝，诋为无道！"呼左右掌其嘴数十，仍夹不放。藻德谓用事王旗鼓曰："愿将军救我。我有一女，年十七，且美，愿奉将军为箕帚妾。"王旗鼓鄙而蹴之，唾骂不绝。或言魏本无女，何忍污辱至此？然此是王旗鼓面与苕溪沈氏言之，且都人亦实闻之。比言已，益加拷掠，凡六昼夜，夹脑至裂而毙。复逮其子，讯之。对以："家实无银，若父在，犹可从门生故旧措置，今父已死，何处可得？"贼挥刀斩之。

　　大学士丘瑜，字鞠怀，湖广宜城人，乙丑进士。由少宰入阁，未几而有国变。再加拷掠，搜进二千金。四月二十二日，缢死。

大学士方岳贡，字禹修，湖广谷城人，壬戌进士。初为松江郡守，有廉能声。戴罪征逋，至十三载，无级可降，遂下狱。朝士争诵其清廉，骤加副都御史，旋拜相。时事孔棘，诸大臣皆无所见长，岳贡亦蹙蹐而已。贼入，以都御史为相必富，拷掠殆甚，悉索寓所，仅千余两。贼不信其贫，益拷掠。松江贾人代纳千金，仍系监不释。四月十二日，阊命斩辅臣陈演及勋戚徐允祯等。丘、方所系主将，但命监押者杀之。监押者告丘、方云："主将之意如此，吾辈何敢无状！"因以缳具进，二相各自缢。縠城卒时，叹曰："何不早死社稷！"

翰林

翰林学士方拱乾，字垣庵，南直桐城人，戊辰进士，官左谕德，掌司经局印。闻城陷，尚卧床上，引刀割发未半，为家人抱持而止。寻削发，报名。以美婢赂贼将罗，不加拷掠。同年何瑞徵、门生杨廷鉴力荐可为宰相。四月十日夜半，伪户政张嶙然乘骑至拱乾寓，深谈久之，云："不日大用，老先生勿虑也。"然卒未见用而遁。

正詹张维机，字晦中，福建晋江人，乙丑进士，官正詹。其仆同系，共拷掠至再，一仆不堪，夺刀自刎死。维机至夹及脑，入赃。四月初八日始释。

少詹胡世安，字菊潭，四川井研人，戊辰进士，官少詹，兼侍读学士。拷掠至三，追银一千五百两，释。削发而遁。

大司成孙从度，字大器，北直清苑人，戊辰进士，官大司成。拷掠至四，追银以万计。死于寓所。

左谕德李明睿，字太虚，江西南昌人，壬戌进士，官左谕德。寇急，请上南迁，不从。城陷，拷掠。四月八日始释。

谕德杨士聪，字凫岫，山东济宁人，辛未进士，官谕德。被执，以贼卒王敦武食其先公之德，力护，不加刑。入赃数百两，始释。

谕德卫胤文，陕西韩城人，辛未进士。削发。执拷，追赃，死之。

春坊杨昌祚，已削发，报名，见执。拷掠至三，释。直隶宣城人，甲戌进士。

修撰林增志，浙江遂安人，戊辰进士。被执拷掠，伤其四足。

编修宋之绳，南直溧阳人，癸未榜眼，官编修。以杨廷鉴、周钟力言于王旗鼓，得免。

编修李士淳，广东程乡人，戊辰进士，入赃，不加刑，释之。

庶吉士张端，山东掖县人，癸未进士。拷掠，释。

庶吉士万发祥，江西新喻人，癸未进士。诈为聋状。见执，被掠。

六部

吏部尚书李遇知，四川陕西洋县人。庚辰进士。入赃四万，夹死。

侍郎沈惟炳，湖北孝感人，丙辰进士。被索，不拷掠，初八日释。

侍郎雷跃龙，应天上元人，己未进士。官吏部右侍郎，兼翰林院侍读学士。被执，不拷掠，与沈侍郎八日同释。

户部侍郎吴履中，南直金坛人，乙丑进士。由大理寺寺丞，二月，特除户部侍郎，署尚书事。被拷掠，追入黄金八十两，银六百两，复受夹。四月八日，履中进揭哀恳，署衔云："原任大理寺丞，升户部侍郎，到任十七日，吴履中。"是日遂释。

王鳌永，户侍，山东淄州人，乙丑进士。拷掠追赃，释后留用。未及除授，贼旋遁。率居民守街巷，搜斩余贼数百。

侍郎杨汝诚，南直华亭人，乙丑进士。官礼部侍郎，兼翰林侍读学士。被执，纳赃如数。四月初八日始释，不受夹。或以为不授职，误也。初有所赂，求免刑掠。王旗鼓欲荐授职，以衰老固辞。

户部尚书张缙彦，河南新郑人，辛未进士，官兵部尚书。闯破宁武，缙彦上疏请带学士衔，调唐通、方大犹等守居庸关，惟以兵少为幸。缙彦尝历户部，故惧在靡饷也。上不听。缙彦居兵部时，保无遇变。逾半月，贼且至，绝无一卒。十九日，闯入，下令各官，以二十一日朝见。至日，承天门闭，众皆露坐以待。傍午，太监王德化自中左门入，左右从者十余人。见缙彦，询曰："老先生尚在此耶？明朝江山，都是你与魏阁老坏了！"遂呼从人掌其面而去。缙彦语塞，垂涕而已。寻被执，入赃而释。

侍郎金之俊，南直吴江人，乙未进士，官兵部侍郎。系贼卒沈姓处，货缎铺绸绢五百匹，银一百两，纳之。被掠至酷，卒党王敦武力劝暂止。后自成潜遁时，四月初八日，亦遁。

侍郎张伯鲸，南直泰州人，丙辰进士，官兵部右侍郎。拷掠，后遁。南直之臣，惟伯鲸遁之最早。

刑部尚书张忻，山东掖县人，乙丑进士，官刑部尚书。被执，贼先拷掠其妻及子端，入银一万两，忻遂获放，不加拷掠。

侍郎霍晋山，栖霞人，戊辰进士，官刑部侍郎。被执，输银五千两，不受夹而释。

工部尚书张凤山，山东堂邑人，辛丑进士。追赃入，不加刑掠，后释。

侍郎陈必谦，南直常熟人，癸未进士，官工部侍郎。受重刑，同系者展转愁叹，必谦枕一石块，鼾寝如常。贼既遁，逃归。遇土寇，复被创，抵家，数日卒。

太常寺寺丞沈自彰，顺天人，辛未进士，以太常寺丞罢官。癸未冬，特旨以原官管吏部文选司郎中事，一时重其清介。贼执之，搜进金爵、人参，值以千计。寻释。

郎中吴孳昌，江西南昌人，庚辰进士，官吏部验封司郎中。以削发见获，寻令蓄发，候用。旋遁。

主事丁时学，浙江山阴人，保举，官户部主事。进银十三万。贼见其慷慨，免夹。

郎中徐有声，庚辰进士，官户部山东司郎中。拷掠再四，杀死。

主事萧时丰，广东澄海人，丁丑进士，官户部主事。被掠。

郎中刘献绩，顺天大兴人，丁丑进士，官户部山东司郎中。被掠。

郎中朱蒂煌，湖广黄冈人，甲戌进士，官兵部武选司郎中。被拷掠。

郎中张正声，福建惠安人，甲戌进士，官兵部职方司。被拷掠。

主事李向中，湖广钟祥人，庚辰进士，官兵部职方司主事。被拷掠。

员外郎陈鹏举，湖广麻城人，丁卯举人，官刑部员外。不报名，被执。令跪，不屈，椎击乱下，几毙。仆人跪泣，愿以身代。贼义而释之。

郎中聂一心，四川富顺人，庚午举人，官工部郎中。被拷掠，八日释。

主事王钟彦，直隶华亭人，丁卯举人，官工部虞衡司主事。拷二次。

主事赵士锦，南直常熟人，丁丑进士，官工部主事。被索，不加拷掠，初八日，与吴之瑞同释。后伺隙而遁。

主事申济芳，南直常州人，官工部主事。不报名，为东城贼将所系。贼以相国后必富，重掠折足。后既释众囚，尚留数人，济芳与焉。各与一绳，令自缢。仍许以椽舁尸，发会同馆。入椽时，贼卒恐未死，概加五棍。济芳至馆，官人启椽，改殓。喉门噏然微动。灌之有气，乃复苏。济芳受棍时，全不觉，惟第五棍似稍有物及身耳。

九卿

赵京仕，陕西汉中人，壬戌进士，官通政司参议。被掠，释。

王都，南直金坛人，壬戌进士，官太常寺卿。初八日释夹，舁至家即死。先是，贼急，都方对客饮酒，客曰："奈何！"都曰："天塌自有长人顶。"

林兰友，福建仙游人，辛未进士，官光禄寺署丞。拷掠二次，释。

科臣

李永茂，河南邓州人，丁丑进士，官兵科给事中。被拷掠二次。

曾应遴，江西宁都人，甲戌进士，官兵科给事中。被拷掠一次。

钱增，南直太仓人，辛未进士，户科给事中。拷掠二次。

顾铉，四川成都人，丁丑进士，官兵科给事中。拷掠追银，仆人长班窃资而逃。久系未释，因自刎，喉未断，不死。四月二十六日贼众将遁，押者索银十两，铉无以应之，即日而毙。

御史

吴邦臣，浙江山阴人，锦衣卫籍，庚辰进士，入官山西道监察御史。被执，拷掠。入银不刑，释之。

俞志虞，浙江新昌人，甲戌进士。贼急，奏太子宜监国南京，上不听。城陷，就缢。家人急解之，而逻卒突至，系之，索银，备受严刑，初八日始释。至家，愤病，百日而卒。

郑楚勋，福建莆田人，甲子举人，官御史。夹死。

张鸣骏，福建新溪人，庚辰进士，官御史。被掠。

陈纯德，湖广零陵人，庚辰进士，提督顺天学政。二月出巡保定，三月初八日撤考，还京。城陷，被执，死于严刑。

黄熙胤，福建莆田人。被拷掠。

曹溶，浙江平湖人，丁丑进士，任御史，曾革职。甲申三月，浙直总督张国维题授浙直监军御史。未行被获，重掠，悉索寓中纳二百两。贼心未厌，直加严刑。伤足，舁出，又纳五十两。发王旗鼓再拷。王为山右诸生，尝读溶文，谕杨枝起招之授职。以足创不能行，又数日，闯遁。客劝其暂守城以待太子而遇于清。

何肇元，南直武进人，举人。被夹二次。

中书博士

吕兆龙，南直金坛人，庚辰进士，官中书。闯入，投水未死，贼执系之，初八日始释。或劝兆龙受职，兆龙曰："我辈名教节义自持，何忍为此？"遂遁之。

陈翔，福建长乐人，癸未进士，官中书。削发被获，拷掠二次。

朱国诏，诏诘敕房中书。被获，拷掠甚酷。

吴之瑞，拷掠数次，释之，至寓而毙。

霍杰，顺天霸州人，丁丑进士，官行人。削发见获，拷掠二。追赃。于四月初八日潜遁。

谢于宣，浙江鄞县人，癸未进士，官行人。亦以削发见执。于宣拘，触贼怒，拷掠至三而死。

刘中藻，福建福安人，庚辰进士，官行人。以抗言愿回籍至触贼怒。拷掠数次，最酷。死之。

张元辅，山西孝义人，丁丑进士，官行人。被掠至死。

龚茂德，四川江汉人，庚辰进士，官太常博士。酷掠。

锦衣卫

梁清宏，顺天人，被夹累日。八日放还，遂死。

骆养性，官锦衣大堂。先输银三万两，免夹，遂遁之。

知府

刘有渊，北直南宫人，庚辰进士，顺天府知府。不堪拷掠，引银簪自刺其咽喉而死之。

沈浣先，南直苏州人，癸酉举人，授府教。拷掠伤足，追银三百余两，称贷于苏州商店以足之，后释。

张昌龄，北直宁晋人。己未进士，官文选郎。革职起用，被掠二次。

李逢甲，南直青浦人，己未进士，由工部郎中升知府。拷掠追银，夹碎胫，死。

曹惟才，浙江会稽人，辛未进士，兴化府知府。选入京，拷掠二次，死。

蔡国光，福建同安人，甲戌进士，补巨鹿知县。在京引见，被掠二次。

周之茂，湖广麻城人，甲戌进士，候补知州。因简命未下，贼搜出。使跪，不屈。梃击，折臂，死。

李世祺，直隶青浦人，壬戌进士。官刑科给事，夹死。

其爵里未详，如李天柱、宋之显、黄纪俱被夹，吴伯宗、范志方、张泰徵皆拷掠二次而死，丁丑进士李起龙独以疯免夹。

宦官

王之心，旧司礼监掌印太监，顺天人。二月二十六日廷议助饷，之心闲住已久，众言之心富甚，家藏现银三十万。上即日召谕之，令捐助，之心以连年家计消乏为辞。次日，献银一万两。自成入，系之，追银拷掠。搜银十五万余，金银什器缎匹无算。以未合三十万现银之数，夹二次，至死。

他书有载王之心自殉难者，谬。故特详其实也。

卷五　槐国衣冠

（李闯除授京省伪官）

　　诸缙绅先生见用于闯者，或凭官阀，或凭仪采，非
尽出于德望才猷，而皆以牛金星目瞦之力为衡。当意者
录，不当意者去。录者赴吏政，不录者率驱伪将军拷
掠。然有行贿至多，而不被刑杖者，又有重遭戮辱，复
令吏政乞官者。其时或贿或请，沛然几于明季之风焉。
然其初令本言回籍者听，而非用即刑，无有能脱者矣。
故一时墨入仕籍者，非必愿仕之臣，其不入仕籍者，
亦非尽不愿仕之臣也。当是时，乙丑进士，有有意仕
闯，未受职衔，小帽青衣，额加黄纸书"顺"字者。辛
未进士，向吏政夤缘，欣然告人曰："明日此时，便非
凡人！"或缀成"不见凡人"傅于额者。而既入仕籍诸
臣，或觊明且复兴，潜欲自遁者，亦往往而有。总之贤
与不肖，皆蒙垢朝廷者矣。或巨儒名学，而臣篡逆之
庭；或哲智宏才，而入元凶之暴。岂皆不知进退者哉？
由此观之，"杀身易而就义难"，殆非虚语也。然则甲
申之难，诸缙绅先生之见擢于旬月间者，余安能隐之？
第卢生邯郸之枕，吕公逆旅之炊，一世之荣，尽于俄

顷，若淳于棼醉入槐国而身为郡守者，何以异哉？故志之曰"槐国衣冠"，伤其时昃之无多，而又以悲夫境遇之无恒也。庄子曰："君乎牧乎，固在此也与！汝当梦也，予谓汝梦也！"然哉！

闯设伪官

李闯既入，五日，建设伪官，改印曰符、券、契、章，凡四等。令职方司收缴前印，悉更铸之。更官名。

六部更六政府，内门更天祐殿，翰林院更弘文院，文选更文谕院，巡抚更节度使，兵备道更防御使，六科更谏议，御史更直指使，太仆寺更验马寺，尚宝寺更尚玺寺，通政司更知政使，布政司更统会，知府更尹，知州更牧，知县更令，主事更从事，中书更书写房，正总兵曰权，副总兵曰制，五军府更五军部，守备更守旅，把总更守旗，其余皆如故。官服领帽以云为级：一品一云，九品为九云。凡所更制，皆伪相牛金星所定也。

三月二十一日，文武官仪入朝者，三千余人。牛金星执缙绅点名，不用者发权将军、制将军处分，用者送吏部。既受职，止给小票，向礼政府领契，刻期赴任。外选者限到任三月后来取家眷。诸臣或请即携出，宋企郊曰："俟到任一二年，做得官好，来迎未晚。"于是往往有以婢妾贿伪将，妻子留质，子身出城者。每官又数兵押之行，行旅之费，户政各照级给银有差，不足者自备，率欣然愿赴。然有借为脱身计，因而南返者。一时除授最多，不悉编纪。兹就见闻最著者，汇其伪定爵氏，及其原职于左。

内阁更天祐殿

牛金星，河南宝丰人，乙卯举人。授伪职天祐殿大学士。

弘文院

何瑞徵，河南信阳人，戊辰进士，官少詹侍读学士。伪职弘文院掌院学士。瑞徵至院，凡衙门匾额有先朝年号者，悉去之。

黎志升，湖广华容人，甲戌进士，官山西提学。伪弘文院大学士。三月二十五日入阁主试，题曰："莅中国而四夷也。"所取者授科道、防御、尹牧等官。

何维南，河南嵩县人，辛未年进士，官谕德。伪翰林。

刘世芳，陕西肤施人，庚辰进士，检讨。伪翰林。

高尔俨，北直静海人，庚辰榜眼，官编修。授伪翰林。

陈名夏，南直溧阳人，癸未探花，官编修，兼户科兵科给事中。授伪职编修，臣三主。

杨廷鉴，南直武进入，癸未状元及第，官修撰。授伪职弘文院编修。

周钟，南直金坛人，癸未庶吉士。顾君恩特荐之金星，金星首用之。次日即至牛所，递门生帖，撰登极诏。常云："江南不难平也。"或语钟以闯残杀太甚，万难成事。钟云："太祖初起亦然。"

朱积，南直华亭人，癸未进士，官检讨。授伪职编修。

史可程，河南祥符人，锦衣卫籍，阁部史可法之弟。二十四日召见，挟令书召可法。

梁清标，北直真定府人。

黄灿，湖广夷陵县人。

曾栗，浙江山阴县人。

李化麟，陕西韩城县人。

刘余干，南直怀宁县人。

李呈祥，山东沾化县人。

史垂誉，江西丰城人。

吕崇烈，山西安邑县人。

龚鼎，云南保山人。

右九人为长班报名被执。

张家玉，广东东莞人。上书于闯曰："前明朝翰林院庶吉士，今请宾归顺张家玉，谨百拜称贺于大顺皇帝陛下，陈情左右：君王既定鼎于天下，必以尊贤敬德为基。是不没人之忠者，所以有忠臣；不没人之孝者，所以有孝子。家玉得君未及一年，有亲尚有四老，君王处此，当宾礼而不臣之，且比例于晋处士陶潜，旌别其门，曰'明翰林庶吉士张先生之庐'，庶不伤人臣子之心，不辜苍生之望。不然，临以刀锯，设以鼎俎，家玉者形影相笑，从容而乐蹈之。耿耿此心，誓无复悔。"又上书曰："前明朝翰林院庶吉士，今请宾归顺处士张家玉，百拜陈情于大顺皇帝陛下：忠臣义士，于明为多；劝义请忠，于顺为盛。是故如范景文、周凤翔等，当亟为明恤赠之；刘宗周、黄道周等，当亟为明隆礼之，而非但为明隆礼之。又如史可法、魏学濂等，当亟为明尊养之，而非但为明尊养之。何则？孝首而顺，人知有父也；忠首而顺，人知有君也。至若家玉，殷人从周，愿学孔子。但区区宾礼，而乞系之以明者，盖不特见君王之高，实欲遂君王之大也。当此多士多方，尚在危疑惊惧之时，莫若将家玉旌而别之，刻书以布之四方，得一人以收拾天下人心，胜精兵十万可知也。如其不允所请，决不堕泥途为班皂羞，归乡里为父母傻。誓杀身为牲，少备天子大享上帝。刀锯鼎俎，谅非负气守节者所隐忍而规避也。荣之辱之，惟命；生之死之，惟命。"书上，闯见之。家玉见闯，长揖不跪。闯怒，缚午门外，欲刵之。颜色不变，卒操刀问曰："降否？"家玉曰："不降！"至三日，闯复逮入，喝曰："当凌迟汝！"家玉不为动色。又言："当凌迟汝父母！"家玉乃跪。遂释。时家玉父母远在东粤，凌迟非可骤及，不知家玉何以遽出于此？后四月十八日，闯遁，家玉潜遁归。

何九龙，癸未庶吉士，以年老未授职。按此事《明史》亦备载之，然终属疑案。

韩贞固，陕西韩城人，甲戌进士，官陕西道御史。授原职。

裴希度，山西太原人，甲戌进士，官陕西道御史。并改授庶吉士，限以四月到任。

何瑞徵，掌河南道。瑞徵移家院署，乃修故事，令庶常各输银送锦衣卫，办席牛金星之署，始到任。

张国泰，北直新城人，癸酉举人，官待诏。授职。

吏政府

宋企郊，陕西乾州人，戊辰进士，原官吏部员外郎。回籍。

文谕院

张若麟、龚鼎孳、曹钦程、杨枝起。

右四人，四月十一日，闯召见所放狱五品以下官，并授伪职。独三品以上不召，故侯恂亦未召见。后数日传以侍郎官恂，恂不受，因以大拜要之。俟东征归，如约。而败回，不果，恂亦潜遁。

考功司
郭万象，陕西高陵人，甲戌进士，原官郎中。留用。

验封司
熊文举，江西新建人，辛未进士，原官郎中。用。

稽勋司
侯佐，山西解州人，甲戌进士，原官郎中。用。

司务厅
叶澍，江西丰城人，丁卯举人，官礼部司务。留用。

户政府
杨王休，北直盐山人，庚午举人。官陕西潼关兵备道。闯入潼关，首降，授伪职侍郎。

杨建烈、张嶙然，行侍郎，俱庚辰进士。嶙然原官山西平阳县知县。闯入晋地，二人首降。

介松年，山西解州人，辛未进士。原官户部主事，李督师荐除户科给事中，于保定降贼。三月二十一日，入城授伪职从事。

刘庆蕃，北直沧州人，戊辰进士，官刑部主事。

留用。

吴文帜，浙江籍，南直休宁人。戊辰进士，官刑部主事。授伪职从事。

方廷祚，浙江德清人，官生，户部主事。授从事。

缪沅，浙江钱塘人，丁丑进士，官工部主事。伪职从事。

魏学濂，浙江嘉善人，癸未庶吉士。四月二十九日，闯遁，作绝命词自缢，因授伪职司务，大失其意。词曰："忠孝千古事，于我只家风。一死轻鸿毛，临难须从容。有血洒微躯，官卑非侍中。有舌且存之，并逊常山公。因约同志友，延颈受霜锋。不能张空拳，与彼争雌雄；不能奉龙钟，再造成奇功。死且有余罪，何敢言丹衷。所痛母垂白，七十仍尸饔。未葬凡五丧，留与子侄封。人生谁百年，寿夭死所同。我比兄与弟，我年为独丰。高堂无复悲，譬不生阿依。辞母却就父，生死犹西东。骸骨虽不归，即瘗此诗筒。墓木有拱时，清韵入楸松。"伤哉！

礼政府

巩焴，陕西真宁人，辛未进士。官河南提学金事。授伪职行侍郎。

杨观光，山东招远人，戊辰进士，官少詹事掌坊，兼翰林院侍读。以理学名家，为闯所重，初授兵政府侍郎，兼弘文院侍读学士，后改礼政府尚书。三月二十四日，召对，语不传。四月初十日，召至文华殿，问："郊天何以不茹荤、饮酒，不近女色，不刑？亦有说乎？"杨观光顿首对曰："天人一气所感，不茹荤饮酒，欲其心志清明；不近女色，欲其吸呼灵爽；不行刑，欲养天地慈和之气，以上感穹苍。"闯称善，且曰："先生以后可常进来讲说。"因留坐饮茶，辞出，送至檐下，答拱而别。自后登极仪注，皆从观光习之。及闯遁，观光挈家随至凤台，为贼家所杀，体无完肤。家属委顿而返原籍。

仪注司

刘大巩，江西抚州人，甲戌进士，官员外郎，授从事。

祠祭司

李森先，山东平度人，庚辰进士，官博士，授职郎中。

吴之琦，福建晋江人，丁丑进士，官礼部主事，授职。

吴泰来，江西新昌人，辛未进士，官员外郎。先被执，寻释，授职。

精膳司

许作梅，河南新县人，庚辰进士，官行人。授职。

孙节云，南直武进人，官司务。授职原官。

兵政府

喻上猷，湖广石首人，辛未进士，官御史。伪职管尚书事。

梁兆阳，广东番禺人，戊辰进士，官检讨，加编修，升一级。三月二十日，首揭助饷。与同志求仕者，各写五千金，托宋企郊投揭。二十三日召见文华殿，叩头云："先帝无甚失德，只以刚愎自用，故群臣血脉不通，以致万民涂炭，灾害并至。"闯云："朕只为几个百姓，故起义兵。"兆阳又叩头云："陛下救民水火，自秦入晋，历境抵都，兵不血刃，百姓皆箪食壶浆以迎。真神而不杀，直可比隆唐虞，汤武不足道也。今适逢圣主，敢不精白一心，以答知遇恩哉？"闯大喜，留坐饮茶，辞甚款曲，礼之甚隆。兆阳出以语门生贡士伍世魁，遂传其语。

职方司

傅景星，河南登封人，丁丑进士，官御史。伪职郎中。

于重华，山东青城人，由职方司副郎以边才升用阳和道。闯至阳和，重华出城十里迎降，随闯入京，授职从事。

车驾司

吴刚思，南直武进人，癸未进士，官光禄寺署丞。授从事。

潘同春，浙江余姚人，丁丑进士，官工部员外。授职。

江永诏，南直宁国人，辛未进士，官湖广巡按御史。伪职从事。

王自超，浙江会稽人，癸未庶吉士。授职从事。

方允昌，浙江诸暨人，甲戌进士，官主事。伪攒漕从事。

吕弼周，山东邹平人，戊辰进士，官河南驿传道佥事。授职从事。

金汝砺，浙江仁和人，甲戌进士，官工科给事。授职从事。

赵开心，湖广长沙人，甲戌进士，官禄米仓主事。伪司务。

安兴民，丁卯举人。官侍郎管尚书事。

刑政府

陆之祺，浙江平湖人，己未进士，官陕西布政使。

闯入潼，首降，授伪侍郎。

李登云，丙子举人。授伪从事。

傅鼎铨，江西临川人，庚辰进士，官翰林院检讨。授伪从事。

董廷献，授伪司务，爵里无考。

工政府

李振声，陕西米脂人，甲戌进士，官广西道御史，壬午，巡按湖广。授伪行侍郎，兼尚书。

金震生，湖广江陵人，官生。授从事。

王奇才，伪职从事。

贺久劢，湖广襄城人，戊午举人，官户部主事。伪职司务。

直指使

高翔汉，陕西宝鸡人，甲子举人，官工科给事中。三月二十一日，即授。

涂必泓，江西南昌人，辛未进士，官御史。授伪职直指使。

龚鼎孳，南直合肥人，甲戌进士，官兵科给事中。授伪职。

柳寅东，四川梓潼人，辛未进士，原官顺天巡按，降于通州。授伪直指使。

赵颍，河南项城人，癸未庶吉士，为牛金星同年。授伪职。

蔡鹏霄，福建晋江人，戊辰进士，原官四川道御史。

陈羽白，福建南晋人，庚辰进士，原官广东道御史。

张懋爵，山西汾阳人，辛未进士，原官陕西道御史。

朱朗铼，宗室，举人，原官御史。

知政使

王学先，壬午举人。伪职知政使。

王顺杞，顺天人，壬午举人。寇急，以探亲往宣府。路遇闯，遂投之，即随入京，授职参议。

大理寺

刘大泽，江西人，甲戌进士，官礼部郎中。十九日，授大理寺卿。

吏谏议

申芝芳，南直嘉定人，辛未进士，原官礼科给事中。授职。

礼谏议

宋徽宜，江西进贤人，辛未进士，原官刑科给事中。授职。

兵谏议

光时亨，南直桐城人，甲戌进士，原官兵科给事中，巡视东直门，首降。十九日，闯即召见，面加奖谕，以原官视事。时亨寄书其子，有云："诸葛兄弟分仕三国，伍员父子亦事两朝。我已受恩大顺，汝等可改姓赵。仍当勉力诗书，以无负南朝科第也。"

刑谏议

翁元益，南直上海人，甲戌进士，原官刑科给事。授原职。

工谏议

戴明说，北直沧州人，甲戌进士，原官礼科给事中。授职。

彭琯，四川永州人，甲戌进士，原官工科给事中，癸未督催湖广漕程。

金炼色，陕西郑川人，壬戌进士，原官吏部文选司员外。

太常寺

吴家周，南直歙县人，乙丑进士，官尚宝司卿。见牛金星云："南方脆弱，愿包纳饷银数十万，免其刑掠。"金星云："如果包得，即与上疏，但干系非小。"家周逡巡而退。

项煜，南直吴县人，乙丑进士，原官詹事府少詹，兼翰林院侍读学士。门生黎志升力荐可为宰相，煜即倡言于众曰："大丈夫名节既不全，当立盖世功名，如管仲、魏徵！"及授太常，气沮。奉伪命祀奉泰山，驰驿潜遁。

刘昌，河南祥符人，乙丑进士。原官户科给事中，授职。

验马司

宋学显，南直长洲人，戊辰进士，官通政司参议。诸臣劝进日，闯逊谢曰："伊周岂不能为汤武？其不为汤武者，伊周之所以传也。"学显曰："看书到此地位，岂非天授欤？"

鸿胪寺

张鲁，鸿胪寺少卿。

尚玺寺

叶初春，江西湖口县人，戊辰进士，官太仆寺卿。授伪职。

国子监

薛所蕴，河南孟县人，戊辰进士。原任国子监司业，授职莅事。号召诸生，令多作文字，以待李闯幸学。

钱位坤，南直长洲人，辛未进士。原官大理寺寺正。时闯新制，改国子监为三堂，以司业为正堂，学录为左，博士为右云。位坤授职司业。

顺天府

王则尧，山西翼城人，庚辰进士，除山东布政司参议。三月二十二日先授伪职，到任。四月初一日，考试生员题目："天与之""若大旱之望云霓也"二作。

节度使

顺天节度使宋权，河南商丘人，乙丑进士。原官顺天巡抚。闯入，权首进降表，即与原职。此即所谓文康公也。邵青门为神道碑，遂以受知于漫堂。然有此书，是非终不能讳矣。

山西太原节度使韩文铨，陕西咸宁人，甲戌进士。李闯西遁，踉跄还陕，委以晋事。与伪权将军陈永福守太原，拒清兵甚力，城陷而死之。

陈之龙，江西举人，原官监军道。陕西节度使。

防御使

左懋泰，山东莱阳人，甲戌进士，原官文选司副。

闯人报名，被夹，输饷万两。释送吏政府，旧书办呼名授职，出仪门乘马，自鸣得意。懋泰授密云防御使。此萝石先生兄弟也，一至于此，与史忠靖千古同此慨，盖合文文山而三矣。同气之感，伤哉！

李丕著，山西曲沃人，丁丑进士，官行人。授永平防御使。

张若麟，山东胶州人，辛未进士。原任兵部职方司郎中。三月二十一日，闯召见狱中放出各罪官，若麟自称宁锦督战之功，且天下坏于党人者数十年，于是授山海防御使。

杨栖鹗，陕西西乡人，癸未进士，官庶吉士。伪职临清防御使。

王皇极，山西壬午举人。授天津防御使。

周寿明，湖广蕲水人，丁丑进士，官知州。扬州防御使。

武愫，陕西泾阳人，癸未进士。徐淮防御使。

李际期，河南卫辉人，庚辰进士。服阕进京。二月二十五日，为选司所厄，怒甚。闯既入，通其姻娅，后遂授职。

王道成，山西平阳人，癸未进士。城陷，即降，首授是职。四月十九日，道成单骑至州，州中人皆请命，相视不敢动云。道成伪职贵州防御使。

孙承泽，顺天大兴人，辛未进士，原官刑部主事。

伪职顺庆防御使。

刘明英，山东恩县人，丁未进士。三月二十八日，汰赃一千，即完，遂释。四月初二日，授伪职夔州防御使。

任濬，辛未进士，前豫楚总督，伪职四川防御使。

杨明琅，福建晋江人，癸未庶吉士。伪职防御使。此即称思宗为亡国之君者。后为朱成功所获，伏诛。见《遂志录》。

盐运使

王孙蕙，南直无锡人。甲戌进士。历归善知县，调潜县知县。甲申，行取礼部主事。三月十六日，应召对，孙蕙伏陛言君辱臣死之义，继以哭。改授铨曹。命未下，十九日，城陷，城中哭声震沸。孙蕙语家人曰："毋恐！吾自有定心丸在此。"命取竹一竿，曳黄布一幅，大书："大顺永昌皇帝万万岁。"将布悬门，遍拉同籍往迎。马素修太史不可。走语赵玉森曰："百行以孝为先，君太公年高，图昼锦足矣。不为徐庶，忍心为赵苞耶！"玉森颔之。出语张琦、秦汧，与语意合，二十日，同谒伪政府宋企郊，各执手板陈姓名。孙蕙袖中忽出一纸，拱手加额曰"臣王孙蕙进表。"诸人出不意，虑触忌，殊恐。宋阅表微笑，点头曰："好文字！"众乃叹服弗如。是日晨起，复过马太史，太史方沐浴更衣，将就缢，端坐正寝。孙蕙觇缕道新天子仰慕德意，太史大怒，叱曰："此言何为至于我！"孙蕙语犹未了，乃命从者挽出之。即日，孙蕙赴伪都督刘饮。二十六日，选授长芦运使。先是，顾荣、黄继祖、吴达俱选四川县令。是日，秦汧、张琦、赵玉森亦授伪令，皆无锡人也。宋企郊语孙蕙曰："贵里同事七人，公何以至此？"孙蕙曰："皆新天子不弃之知，老大人甄拔之力。"宋曰："非也，主上以公表及周庶常草诏，堪作新朝双璧，薄以一官相报耳。"时选者止给伪印，孙蕙独加伪敕一道。伪帅高将军送马二匹，牛丞相以下皆饯行。时南人欲归者虑道梗，求附行。孙蕙曰："新天子在上，万一耳目所及，谓我私挟南人，必严诘，不便。"皆固谢之。二十九日，发都门，笥中锦袍失去。从马太史仆许姓强假以出。仪仗中列钦命督盐旗二面，锦袍，乘舆，张盖，设鼓吹前导，阑过先帝后梓宫前，见俯伏而哭者千辈。孙蕙竦肩睁视，一瞥而去，不出舆一揖也。乘传所过，府以下迎送唯谨。至沧州，土贼夺其马去，孙蕙令持名敕追讨。伪将官来验，察有伪印契及敕书而释。至天津，有王运司已先一日至，守者以同时有两运司，疑之。孙蕙脱左膊示以敕印，亦释去。行近德州，未至十里，而州城中竖大明中兴旗号，询知为德州卢御史名世淮者，纠集义师，截杀伪官，莫可行。又闻吴平西兵且入复京师。孙蕙乃弃仪仗，焚伪敕，埋印，磨灭行李上盐运封识而行。又恐行李累重，复弃之，假作乞人以归。至中途倒毙。

魏天赏，河南遂平人，癸未庶吉士。授伪职淮扬盐运使。

府属

杨瓛，顺天青县人，癸未进士，授扬州府尹。

锁青揩，河南人，丁丑进士，考选入京。伪职淮安府知府。

熊世懿，湖广麻城人，辛未进士，原官河南道御史。伪授庐州知州。

高丹桂，山西平定人，举人。授伪职济南府尹。

张之奇，江西新城人，庚辰进士，原官检讨。伪职顺庆府府尹。

黄国琦，江西南昌人，官山东滋阳知县，行取入京。授伪职山东府尹。

姜金胤，山东掖县人，癸未进士，官中书。伪授府尹。

顾荣，南直无锡人，伪职成都同知。

傅振锋，伪授四川同知。

刘廷谏，浙江宁海人，己未进士，官考功司郎中。伪同知。

黄复，南直武进人，癸未副榜。授伪职同知。

州牧

徐家麟，浙江鄞县人，癸未进士。赍伪印契出都，至山东，义兵截擒伪官，家麟弃印而逃。

孙以敬，南直太仓人，丁丑进士。官长垣知县。

傅学禹，湖广麻城人，癸未庶吉士。伪职州牧。

李长祥，四川达州人，癸未庶吉士。伪职州牧。

罗宪汶，江西南昌人，癸未庶吉士。伪职州牧。

吴簏，福建莆田人，庚辰庶吉士，特用户部郎中。授伪州牧。

刘肇国，湖广潜江人，癸未庶吉士。伪职州牧。

高去奢，北直宁晋人，丁丑进士，官礼部主事。伪职州牧。

孙一脉，山东沂人，庚辰进士，原官检讨。授伪职通州州牧。

涂原，四川梁山人，癸未庶吉士。

县令

武大正，举人，伪授山东平原县令。门单云："随驾帷幄之臣。"

吴尔壎，浙江崇德人，癸未庶吉士。伪职四川苍溪县令。

黄继祖，南直无锡人，伪职四川中江县令。

张琦，南直无锡人，甲戌进士，原官礼部主事，授伪职四川梓潼县令。领印出都，不一日，遇贼劫印，索千金为赎。哀乞还印。贼磨印角，方知为铜，始掷还。

赵玉森，南直无锡人，庚辰进士，官翰林院检讨。三月二十八日，授伪职为四川内江县。玉森为宋企郊旧友，因请曰："玉森能知顺逆，乃以词臣为下吏，何以风示来者？"企郊曰："非不欲为公周旋，所托令亲一事，挽回上意，用力已竭耳。"玉森求改山东近地，企郊许之。后营改京职，未授。所云"令亲"者，秦汧也。汧之姑，玉森之妻。汧始触罪，赖玉森复挽回，始得授职。

秦汧，南直无锡人，癸未进士，官兵部职方司主事。李闯入城，导从者多郡县降官。汧跪迎道侧曰："兵部职方司主事秦汧，恭候圣驾。"闯不问，复高声再陈，军马之声沓之，闯终不问，惟导从中同年友见之。二十日，赵玉森至王孙蕙寓，涕泣自言："受崇祯恩深，然国破家亡，实自作之孽。予捐性命以殉之，理既不必；将逃富贵以酬之，情又不堪。奈何？"孙蕙曰："方今开国之初，吾辈须争先著。"玉森曰："甚合我意。"同诣报名，途遇秦汧，握手大笑，扬扬而前。二十二日，点名讫，凡乐为用者，皆授新寓。汧为赃贿颇饶，不忍尽遗旧寓，因乘间往取。而伪令着新进官员即齐诣刘督府。尔时独不见汧，贼疑其有不臣之心，往擒之。须臾，汧到，叩首数百，伪督将汧两夹。

汧高声大呼曰："圣天子欲平定江南，正爱惜人才之际，倘饶蚁命，愿效死力。"乃释之，罚银五百两，赎罪。因示曰："自今以后，私自至旧寓者，斩。"二十八日，选四川射洪县令。

王明，顺天人，生员。四月朔，伪府尹王则尧考选吏政，除官。考第七，拔授资县县令。

时敏，南直常熟人，丁丑进士。原官兵科给事中，授宜宾县令。

汤有庆，伪授安县县令。

刘廷琮，广东从化人，癸未庶吉士。

施凤仪，南直嘉定人，丁丑进士。授伪职。

胡显爵，四川井研人，癸未进士。

王秉鉴，陕西扶风人，乙丑进士。

傅鸑祥，河南汝阳人，官生，户部主事。

王之凤，官生，工部主事。

赵之玺，山西乐平人，甲子举人。原官工部都水司主事。

郑逢兰，福建人，甲子科举人。

侯伟时，湖广公安人，辛未进士，原官吏部员外郎。

杨云鹤，福建晋江人，原官户部郎中。先被执。寻释，录用。

程兆科，江西广信人，癸未进士，官行人。

邹魁明，江西建昌人，丁卯举人，原官兵部员外郎。

王显，北直曲周人，丁丑进士。原官吏部主事，授伪职。

高辛胤，陕西韩城人，癸未进士。

姚文然，南直桐城人，癸未庶吉士。

成克巩，北直大名人，癸未进士。

高珩，山东蒙阴人，癸未庶吉士。

归起先，南直常熟人，癸未进士，原官刑部主事。报名授职。

朱国寿，南直人，辛未进士，官员外。

张慎学，山西夏县人，丁丑进士，官刑部主事。

朱受祜，南直怀远人，官生，原任刑部郎中。

黄昌胤，湖广沅江人，庚辰进士，原官刑部主事。

万发祥，江西新榆人，癸未庶吉士。授职。

张玄锡，北直清苑人，癸未庶吉士。

白胤谦，山西阳城人，癸未庶吉士。

史启明，山西翼城人，癸未进士，中书。

冉希舜、韩士伟、俞忠宾、陆禹思。

以上四人，爵里未详，俱授伪职。

杨玄锡，福建晋江人。年十六，举孝廉，十七岁，登甲戌进士，官主事。报名未用。

周兰，河南人，庚辰进士。官评事。报名，授伪政府属。回原籍。

张元辅，山西孝义人，丁丑进士。授伪职学正。

吴道新，桐城人，保举。原官助教，伪授学正。

张玉成，四川江津人，癸未进士。原官主事。授伪职教谕。

陆禹晋，溧阳人，庚辰进士。官主事。报名。

曹钦程，进士，官主事。授伪职。

汪惟效，官给事中。授伪职员外郎。

南延铸，陕西渭南人，原官户部郎中。报名。

郑尔圻，北直安肃人，官生，原官户部员外郎。

王凤林，山西芮城人，官户部员外郎。

李钟秀，山西蒲州人，丁卯举人，原官户部员外郎。以上多有未详衔者，姑缺以俟参考。

卷六　赤眉寇略

（李闯始末）

高皇帝得天下类汉高，而大明大行皇帝不与灵、献同风，其亡也忽诸，不亦异哉！闯与献、曹同起绿林为巨寇，而闯独入长安，篡天下，僭伪号，改元纪年，易官名，异服制；号令严切，所遣守土之吏，无敢暴民，亦旬月之雄也。然而窃据四十一日而遽败，乃复载珍宝，大纵火，焚宫室，肆掠而西，与赤眉之去长安而走番须者无以异。岂非寇贼之孽，而无足与统纪之数哉？志《赤眉寇略》。

李闯始末

李自成，初名鸿基，陕西延安府米脂县双泉堡人，以万历丙午岁生。曾祖世辅，祖海，父守忠，一名印。家颇饶，世有里役。熹庙时，自成以里役征税。岁饥，逋税者甚众。称债以偿，犹不给，官司督之。其里艾同知又逼其债，莫偿，遂为寇。劫人于秦晋间。貌甚魁壮，而鼻纤齿黄，短发蓬松。

崇祯改元，戊辰，正旦大雪，自成与众饮山中。众有羡为官者，自成曰："若此世界，贿赂公行。文官必由七篇文字，武科也由策论。我辈不读书，不识字，安敢妄冀有此？或者取皇帝，未可知也！"时自成齿长，皆跃然曰："愿哥为之！"自成曰："试卜之。"遂举骰一掷，得六红。大喜，饮过醉，众皆起作朝贺状。自成曰："还当问天。"因以箭插雪中，拜而祝曰："若可作皇帝，雪与矢齐；不然，则否！"其雪适与矢齐，遂自负焉。明年己巳，贼渠高迎祥称闯王，自成往依之，与其党刘良佐自结一队，曰闯将。

十年丁丑，同高迎祥寇秦，曹文诏、尤世威等与战，溃于潼关。秦督卢象升率祖宽等大破之；秦抚孙传庭又破之，杀高迎祥。自成窜西川，穷走苗城。

十一年，自成只身潜返奔楚，势遂孤。

是年，张献忠、曹操等九伙俱在房竹山中。自成遁去附献忠，不许。至竹溪，且谋杀之，自成遁去。

张献忠亦秦人，与高闯同时起事，号称八大王。初在谷城受抚，复行劫于路。洪承畴擒之，复纵焉。

曹操本名罗汝才，初与李自成、刘国龙同盟，依高迎祥。迎祥被擒，而汝才走楚，入房竹山。

十二年己卯，国龙乞降，汝才势遂孤。

十三年，楚督杨嗣昌合兵剿之。献、曹奔蜀，大兵还。

是年，自成复招集亡命百余人，潜渡入豫。计取洛阳，群盗复聚。自成遂为戎魁，称闯王。会献、曹复东破襄阳，寻亦回豫，遂与闯合。

十四年辛巳，傅宗龙杀刘国龙，而自成破洛阳，独雄一部，而汝才改称曹营。曹营王玄珪，山左人。自成军师宋献策，河南人，长不过三尺许，通呼曰"宋矮子"。二月攻汴，围之。五月，自成督战，城卒射中左目，矢镞入骨，不能出，几死，乃退。自是闯目遂眇。六月，献与闯不合，遂奔郧西。闯、曹分兵从东南下，而秦保之兵，一败于枣阳，再败于火烧店，闯势渐大。十二月，复进围汴，丁启睿分剿献忠，追之洛阳。献忠大败，仅以百余人东走，求附革左革右。二人忌不与合，献忠因诈死，匿深山中。

丁督复驰援，而闯困汴甚。

十五年正月，闯卒有逾城者，汴固守不下。郾阳一战，败伤过半，且以粮尽解去。四月，秦兵大败于襄城。贼资其甲马火炮，乘势复破归德。五月，悉其众百余万复围汴，复固守越四月，不下。

当是时，督臣杨嗣昌率诸将左良玉、虎大威、杨德政等，俱集朱仙镇。良玉以贼势锐，宜缓攻，与大威议不合。六月，诸将骤至，嗣昌兵哗。贼乘势击之，诸军溃。七月，刘泽清从东率兵渡河，战败而走定国。奉诏援汴，不敢渡河。汴势孤危，犹守死不下。九月十七日，河决汴城水淹，遂失汴。时蕲黄寇为禁兵截杀，亦来与闯相合。而诸贼渠帅为革里眼贺一龙、左回回大总掌盘子马守应、争世王贺锦、治世王刘希尧、胡闯蔺养成。胡闯向未掌特营，革贼夺左金王兵与之。而诸贼各愿为闯偏将，惟回、革各居一部。然军事亦皆听令于闯，而其情乃厚曹。闯褊甚，忌焉。及破襄阳，下荆州，合兵郧阳，闯令回回守彝陵，以犯澧常；革走德安，以窥黄麻。革在黄陂，阻水不前，收左良玉残兵八百而回。及归，又先见曹，闯益恨之。

十六年三月初七日，闯设酒以邀曹、革。曹疑不来；革至，饮酒，竟为闯所缚。初八日五鼓时，闯率二十骑入曹营，即其帐中斩之。其部兵俱入各伪将，而曹中军朱养民、杨承恩、李汝桂、杨金山、王可怀、罗戴恩等皆痛心切齿，欲为曹复仇。后三日，杨承恩以亲丁数十人奔陕西，李汝桂亦于是月鼓噪奔安庐。闯授回贼永辅营英武将军金印，印重四十八两，回嫌其小，不用。又渡江截得川船客银十三万两。闯索之，止与三万四千。闯怒，欲尽杀其家。及回在澧，闻曹、革之变，中怀疑贰。闯屡调其带兵回襄，回畏而不敢来。

闯既广收部曲，设伪号，自称倡义文武大元帅。一品为权将军，二品为副权将军，三品为制将军，四品为果毅将军，五品为威武将军，六品为都尉，七品为掌旗，八品为部总，九品为哨总。

为伪授将帅可记者三十九人：

提营总督将军田见秀，混名锁天鹞，众呼为田副爷。

帅标权将军刘宗敏，犷悍善战，闯倚为心腹，众呼为领哨刘爷。

帅标制将军贺锦，混名争世王，系薪黄贼，众呼南宫贺副爷。

帅标正威武将军张鼐，闯义儿，众呼小爷张将军。

帅标副将军党守素，混名乱点兵，众呼党将军。

标左果毅将军谷可诚，众呼为头队，又呼谷将军。

标右果毅将军马世荣，众呼右营马将军。

标左威武将军李及，众呼二队。

标右威武将军辛思忠，混名虎焰班，众呼辛将军。

标前果毅将军任继荣，原官把总。

标后果毅将军吴汝义，众呼之为四队。

左营将军刘芳亮，闯最为信任，众呼为左营大将。

右营制将军刘希尧，混名治世王，向系薪黄贼，众呼为刘将军。

初，闯之横躏中原，所破城，多不守。自渡汉长驱至荆，见所在无一兵，遂有守土之心。于是先守荆襄，再守承德，渐及汝南。增立卫帅，遣将分据，而谋西入秦。

通达卫制将军任光荣守荆州，原系札加守备，向在南阳。闯攻城时，令其弟继荣呼为内应，城破，遂入贼营。闯得荆，令荣领兵六千驻守。后分兵二千守澧，在荆兵四千。

通达卫左威武将军蔺养成守彝陵，即混名胡闯者是也。向系蕲黄之贼，闯令其领原步兵八百余驻守。

通达卫右威武将军牛万才守彝陵。系猡猡头目，令领兵六百驻守。

左营威武将军刘江魁，众呼为北营刘将军。

右营左果毅将军白鸠鹤，众呼为白将军。

右营右果毅将军刘体纯，混名飞虎，众呼为刘将爷。

前营制将军袁宗第，众呼为袁将军。

后营制将军李过，混名一只虎，左目瞎。少年骁悍敢前，闯爱之，众呼李副爷。

前营左果毅将军谢君友，众呼为谢将军。

前营右果毅将军田虎，原系总兵王绍禹标下管队，在洛阳投闯，众呼为前营田将爷。

后营左果毅将军张能，混名五闯王。性狠，喜杀人，众呼为张将军。

后营右果毅将军马重僖，众呼为马将军。

帅标旗鼓杨彦，原系刘国能旗鼓，在营仍用标下，众呼杨将军。

帅标旗鼓赵应元，众呼为赵将军。

帅标旗鼓朱养民，闯破承天入贼党，呼为朱将军。

帅标旗鼓范鼎革，系罗汝才旗鼓，呼为范将爷。

帅标都尉张礼，分守彝陵，混名张虚，原为闯牢役，时令招水兵六百分守。

帅标威武将军王文耀，守澧州。先为闯夜不收，令分荆州二千余兵驻守。

扬武卫果毅将军白旺守安陆，先驻守承天，后令移兵二千兵驻守安陆。

都尉叶云林守荆门州，系郏县生员，闯分兵六百驻守。

帅标威武将军谢应龙，原系罗岱家丁，精于火器，在洛阳投闯。因土人不服，令拨兵三千驻防汉川之刘家隔。

左营都尉马世大守景陵，向在刘芳亮下，因景陵土人不服，令领兵六百人驻防。

襄阳卫左威武将军高一功，领兵二千驻守兹土。

襄阳卫右威武将军冯碓，拨兵二千驻守。

汝宁卫威武将军韩华美驻守信阳。原系土寇，闯破汝宁时，授伪都司，令领兵八百余人驻守之。

均平卫果毅将军周凤梧，守禹、郑二州，本镇篁镇参将。去岁郧抚委令守滩，及闯渡江，凤梧带所领兵奔至岳山，以兵无食，降闯。其母妻二子俱在襄阳。闯信用之，领带原兵七百驻守，并令招集郑州中牟土寇，共兵约计二千余。

共兵二百三十余队，标营一百队，左右前后四营，一百三十余队。每队兵马五十，厮养小儿三十或四十有差。步兵每队一百或五十有差。总计马步兵六万，马骡二万。每队立一标旗，行营望之而走。营将各制一坐纛。标营用白旗，以杂色号带为别，而纛皆用黑。左营则用纯白旗，右营用红旗，前营用黑旗，后营用黄旗，而纛之色随之。惟闯用白纛大纛而银顶，上无雉翎，状如覆釜。闯每临阵，领标前向。自十五年夏，破荆襄，设伪官。初设防御使、府尹、州牧、县令四官而已。

十六年正月初一日，钦天监博士杨永裕投闯，自称天文、礼、乐、兵法、地理无所不通。陈言献谀，且请发诸陵。闯辅牛金星诋其说，不行。嗣后时时劝进伪号。闯佯辞不许，而甚善之。于是永裕为更设六政府，侍郎、侍中、从事诸官属，其示约批发悉出永裕手。而增授府同、理刑、州判、县簿等官，俱质其父母妻子而后受事，分设政尹。可记者二十一人：

吏政府侍郎喻上猷，石首县人，辛未进士，原任御史。

户政府侍郎萧应坤，江陵人，丙辰进士，官布政。

礼政府侍郎杨永裕，招进县人，原官任钦天监博士。

兵政府侍郎王家桂，丁丑进士，原任知县。

刑政府侍郎邓岩忠，江陵县人，丙子举人。

工政府侍郎徐尚德，洛阳县人，举人。

吏政府郎中徐上，江陵县人，贡生，顺天乙卯举人。

吏政府从事顾君恩，钟祥县恩贡生。

兵政府从事傅朝升，江陵生员。

荆州防御使孟长庚，洛阳举人。

荆州府府尹张虞机，长葛生员。

扬武防御使陈苍，洛阳县人，甲戌进士，原官荣阳知县。

安阳府府尹姚胤锡，南州举人。

襄阳防御使李之纲，郏县生员。

襄阳府府尹牛佺，宝丰县生员，牛金星之子。

南阳防御使吴大雍，钟祥举人。

南阳府府尹刘苏，江陵举人。

信阳防御使黄阁叙，江陵举人。

汝宁防御使金有章，江陵县恩贡生。

汝宁府府尹邓琏，江陵县廪膳生。

均平府府尹刘茂先，钟祥生员。

自闯犯楚以来，人心惶惧，所在弃城而走。张献忠乘势攻取。

十五日，袭破黄安。

二十三日，陷黄梅。

二十五日，复陷黄安，破蕲州。荆藩播迁，守道许文岐死之。

三月初四日，蕲水贼官周之任勾狱攻县，遂陷蕲水。

二十三日，陷黄州及黄陵。黄陵叛绅欧阳氏迎贼入。

四月初十日，攻麻城，叛党迎贼入署。知县事萧颂圣死之。遂从鸭蛋洲渡江，掠武昌县境，省城大震。旧辅贺逢圣亲率士卒固守，不下，贼急攻不退。五月，楚粮尽，遂陷。贺逢圣死之。署江夏县印徐学颜格斗遇害。巡江都司朱士鼎骂贼被杀。

献入武昌，杀伤殆尽，沿江积尸千里。

献既掩袭武昌，闯闻之，遗书献忠，欲其附己。献亦卑辞以答，求闯彼此为援，互相攻取。

八月，长沙陷。偏沅巡抚王聚奎、副总兵孔全斌先遁。推官蔡道宪被执，大骂，贼碟杀之。

九月，陷衡州。巡按刘熙祚、衡阳县知县张鹏翼被执。不屈，死之。

是月，献自岳渡江至荆，与回贼合营，而势益猖獗矣。是年秋八月，闯急于西行，去楚，以故献得肆行于荆岳间，旋蹰楚地无余矣。

十月十四日，闯至潼关，破之。

二十日，攻西安，又破之。按察司黄绚自缢死，长安知县吴从义投井死。

闯收关中，请乡绅输助，多三四十两，或三五两，惟举人免输。

二十三日，以秦王殿为宫，增旧殿为九间，地用铜砖铺之。改西安府为长安，令百姓称府，或帅府，而无敢言流贼者矣。其乡民不得穿箭衣，以别军民。定令以明年正月起，每粮一石，派草六千斤，解送省城，搬运之费倍之。每县发小驴三百头，换米一千石，其斗大于民间者三升。

十一月十四日，遣伪官考州县生员，县大者一等十名，准与六政府府属，二等十名，准与州县，三等十名，准在佐贰。县小者一等五名有差，二等三等准此。是月攻榆林城，不利；又攻之，复败。杀伤数万。闯合大队攻之，掘榆林城为大窖，用火炮震之，城墙崩数丈，遂破榆林，杀人殆尽。攻庆阳，亦不利，并队攻其东城，遂陷庆阳，右参议段复兴死之。将攻宁夏，至灵州，有黄河界，乃止。又至兰州，亦以隔河未渡。以故河西诸道、甘肃诸镇俱无恙。而宁夏总兵牛成虎，贼封伪伯，即镇其地，以陈之龙为节度使。汉中府瑞王闻贼势大，遂迁入西川，时陕西总兵孙守法保护入蜀。

十二月初五日，发兵入汉中。

十二日，自陕西发兵万余至三原。

十三日，至富平。

十四日，至韩城。所过皆大掠其城，而留韩城凡数日。

二十日，贼兵从船铺窝渡河，攻平阳，破之。

二十二日，从稷山上水过河，破稷山、河津、绛州三县，大肆其抢掠于□。

二十三日，复渡河去。

二十四日，至安邑，烧其西门。知县房之屏跳入井中，贼兵捞出，杀之。遂围宁夏县掳掠。是时，蒲州镇将高杰于二十三夜半闻贼已渡河，即率兵沿途抢掠。至泽州，驻于北门，差官持王命旗守余三门，许空人出入，妇女财货，尽不放行，向毛、张、朱宦家辈共勒银七万余两。时都乡宦馈以重礼，杰念其故交，差马兵三名，送至青化，往原武而去。

二十八日，高杰、王老虎二家兵到处搜掠骡马，于怀庆青源镇驻扎。

十七年正月初一日，闯贼僭位西安，僭国号大顺，纪年永昌，造甲申伪历。

自成亲率众二万，从禹门过河入山，复攻陷临晋、河津、绛州诸城。垣曲知县令生员、乡民于稷山迎递降表，所下城邑，即立伪官（垣曲知县林，陵川知县程，皆闯所设）。初，平阳副将陈淳闻贼渡河，即弃城去。至正月二十五日抢岳阳县，回青源山，抢骡马。

二月十二日，闯骑九百到黎城，伪官教四乡里官胥报县民富户驴马数目，拷掠乡宦追银。

十三日，潞安考试儒生，遣兵马一枝上太原，一枝往怀庆、彰德。王府朱门皆用黑涂，而搜平阳及潞安银，日夜运之西安。贼兵五千余骑至涉县河西洪洞间，杀掠四千余里。先是，晋王出银三千助守太原。至是，贼从西南角破城，杀太原府知府孙康周（山东安丘举人）。太原悉降。

十六日，到忻州，犒赏兵士，合兵进攻代州，破之。

三月，北攻宁武，总兵周遇吉战甚力，杀贼过当。而兵少无援，贼兵蜂拥，遂陷宁武。

初七日，兵至大同，总兵姜瓖先出降，遂入大同，定之。自成既入，缚瓖，数其卖国之罪，命斩之。贼将张天林劝释之，不戮。

初八日，瓖为前驱，至阳和。阳和将士悉降。

初九日，至宣府，破之。

十三日，兵至居庸关。总兵唐通、太监杜勋悉降，遂入居庸。

十五日，攻昌平，破之。十二陵伐木焚殿，连营进逼京师。

十六日，炮声不绝，如万雷轰烈，天地震慑。

十八日，破外城。是夜，各门以木枝梯城而上，东直门首降。

十九日平明，德胜等门一时俱开（语具载《睿谟留憾》内）。时从自成入者：伪军师宋献策、伪内阁牛金星、伪尚书宋企郊、伪礼政府侍郎巩焴、伪吏政府从事顾君恩、参谋韩霖及杨王休、黎志升、张嶙然也。

当是时，司礼监太监王德化及各监局掌印太监皆出迎，自成即命照旧掌印。由是各招致名下听选，共留八百余人，各令散去。闯既入，乃传一牌，大书云："主上救民水火，克破京城。其崇祯逃出紫禁城外，有能投首者，赏黄金千两，隐匿者戮其全家。"又伪旨：“献上者爵侯，赏金万两。”闯投宫，而大内黄金止十七万，银止十三万。皆因魏珰与客氏偷空至此。闯见之，大为骇异，甚失所望。计登极时赏赐不敷，夹官搜银之令，由是酷矣。又伪旨：文武各官俱于二十日朝见，愿授职者量才擢用，不愿者听其回籍，有隐匿者，邻右同斩。

二十一日，添各门兵，尽放兵马入城。而各兵至绅士商民家搜集马骡，略无遗者。

二十二日，各官入朝，争投授职名单，贼皆聚而焚之。自晨至暮，忍饥以待命者数千。牛、顾詈骂笑之，至暮始出。点名至周钟，顾特下揖云：“主上饥渴求贤，当破格擢用。”旋语牛曰：“此乃名士也。”即授职。牛金星见闯甚誉之，曰：“真名士也！”闯曰：“名士如何？”牛曰：“善为文字。”闯曰：“何不做‘见危授命’题？”闯初不谙文义，自审西川，颇事学问，而应对便给矣。是日入朝者三千余人，金星独拔九十二人。用者从东华门出，送吏政府；不用者从西华门出，贼兵露刃排马五队，押至李、刘诸伪将署中。是日搜索士大夫拘系，路断行人。闯令兵政传檄郡县中云：“君非甚暗，孤立而炀灶恒多；臣尽行私，比党而公忠绝少。贿通官府，朝端之威福日移；利擅宗绅，闾左之脂膏罄尽。”或云此檄为黎志升所作也。

二十三日，旧内臣殓大行皇帝于茶庵。

是日东宫、二王见闯，闯曰："吾当以杞宋之礼待之。"仍发权将军、制将军看待，未尝封也。

二十四日，内臣进冕旒，窄不可戴。更之，复宽。至三易，始冠之。刻许，首痛如裂。急□之，闯曰："射箭去！"

二十五日，用者方巾蓝袍，骑驴，小扇遮面，俱向牛金星、宋企郊、顾君恩署递门生帖。凡在京旧官，除拷掠追赃者，率多被用（事详《槐国衣冠》）。

二十六日，平明，被执先放各官，仍着小帽青衣至午门叩头谢罪；外任未选者，复到吏政点名。

二十七日，复严比各官，搜掠财货，载入伪府，络绎于道。不完者收禁候比。先是，闯愤京师各官藏匿无出迎者，欲尽杀之，宋献策力劝而止。

二十八日，悉派各官概入饷银：内阁十万，部院京堂锦衣七万、五万、三万，科道吏部五万、三万，翰林三万、一万，部属以下各以千计。大率用者派少，不用者派多。一言分辩，即夹。有夹于刘宗敏伪署者，有夹于各营兵官者，有夹于监押健儿处者，有夹于勋戚各官家者，有夹于路旁者。伪都督刘宗敏夹书役三人于衢次。先是，刘宗敏与闯结为兄弟，及闯僭号顺主，遂为君臣。其自署衔云："中吉营左军都督府左都督。"

每晨起，骑马入西华门议事。或方巾，或白绒帽，无冠带仪从，惟四五骑前导。门首立磔人柱，杀人无虚日，大抵兵丁掠抢民财者也。且令置夹棍数十根，皆有棱，铁钉连缀，夹人无不骨碎至死者。

十九日，伪礼政官巩焴示各官率耆老等上表劝进。

四月初一日，伪军师宋献策奏："帝星不明，宜速正位。"且曰："天象惨烈，日色无光，亟应停刑。"

是日，权将军刘宗敏下营点操。

初二日，伪礼政府示：文武百官于初三日再劝登极，榜示伪顺仪制，颁为条约。凡文官俱受权将军节制，行跪礼。

是日晚，自成至刘宗敏伪署，特言所系各官，宜释者释之。

初四日，牛金星吉服同黎志升考试举人，题下："天下归仁焉。""莅中国而抚四夷也。""自天祐之，吉，无不利。"进考七十余人，大率皆顺天府人。是时生儒纷纷乞考，填拥于市。牛、宋谕之曰："开国用人之始，即行大比。各回，静听新主示期。"是日即示云："各省乡试候旨即于中秋举行。"

时罢市累日。闯虑变起，传谕各将士收拾人心。赃物已追者造册解进，在系犯官量情释放，因释数百人。而系者尚众，仍复追掠。

初六日，榜取实授举人五十名，量才授职。监生吏员争趋告考，俱不准。

檄北直山西举人入京听选。考试顺天秀才，取十二名，送国子监读书。改锦衣卫曰"龙衣卫"。

令各营兵轮班午门值宿，直入殿门，骑马不禁。

闯尝至万寿山观将士骑射，从者数千余人。

初八日，铸永昌钱及当二钱。典钱局者系兵部侍郎刘永裕子也。

闯入京城后，即点裁缝、戏子。宫人有窦氏者，甚宠之，号曰窦妃。

闯夜宿，中晨少啜米，饮而出，惮用他物。或见诸龙凤器，若有物冯之，辄震慑。

初九日再劝进，改登极于十二日。

自成后给老本米止数斛，马豆日数升，众颇怨之。老本者，闯号老营为老本也。

贼众累犯淫劫，军令有犯淫劫者，立时枭磔，或割掌，或割势。然犯者甚众。贼初入民舍，曰："假灶一炊。"少焉，曰："借床一宿。"继而曰："借汝妻女作伴。"藏匿者押男子遍搜，不从则死。安福胡同，一夜妇女死者，三百七十余人。

贼以宫窑花缸做马槽，文犀杯大者捣蒜齑，小者注油燃灯。时伪兵政府侍郎王某为同乡人出一门示，禁止兵掠。刘宗敏大怒，诉诸闯，罢其职，系狱，一宿出，还其职。是时闯就宗敏署议事，见伪署中三院每夹百余人。有哀号者，有不能哀号，惨不可状。因问宗敏："凡追银若干？"宗敏以数对。闯曰："天象示警，宋军师言当省刑狱。此辈夹久，宜酌量放之。"宗敏应诺。次日诸将系者不论输银多寡，尽释之。其勋臣懿戚各官暂令精兵押出，权住民舍，仍聚一隅，不许星散，各官有不见米粒者数日。而各伪将所追赃银悉舆入内府，命工人即合先朝内库积银共百余万，熔成方版，而窍其中，为可运计。

初十日，铸九玺，不成，闯始失色。

是日，盘禄米仓，并大通桥光禄寺诸仓积米现数，造册汇进。

礼政府示：定于十七日登极，百官朝贺，次日幸学，行释菜礼。以十二日百官于天祐殿前习仪，十三日再习。

十四日，分遣伪权将军郭升下江东，制将军董学礼下天津，一路催饷。而北直等处皆已先遣大小果毅将军分驻涿州。旧相冯铨父子俱擒入京，坐赃数万。

十五日，颁诏天下，论功行赏。

十六日，百官于圜丘候驾。

十七日，黎明祭天地，加衮冕，即天位。诸臣各奏贺表。

是日午后，闻平西吴三桂兴师，且入关。谍数至。

次日，各官如令至午门习仪。文谕院顾君恩出宫，面有忧容，疾呼曰："且从容，诸臣悉退！"

十八日，复传平西兵据关，益募兵西入。闯遂杀官百数十员于平则门外，辅臣陈演为首，余皆勋戚皇亲也。惟周奎以献银十万，美女数人，独不杀，仍赏银一千两。闯叩刘、李二将，求其出御。二将耽乐已深，无斗意，乃下令亲征。夜半密运辎重数百辆西归，内帑于是荡然矣。

十九日，闯晨起，挈平西父吴勷以行。自成绒帽蓝布箭衣东出；太子、二王各一兵抱持马上，东宫衣绿，二王衣玄。见者皆为陨涕。各官送至金水桥，礼政府巩焴出班奏云："礼政府闲员宜简用。"闯云："官盛任使，所以劝大臣也。"大队精兵二十万，尽从齐化门出。而牛金星大轿门棍，洒金扇，上贴"内阁"字，玉带，蓝袍，圆领，往来拜客，遍请同乡。出示棋盘街，限商人三日尽行开店。制将军李过及贺锦二将，留守京都，禁约军丁。时九门任人出入，各官有弃家眷南行者。大僚有伪死盖棺，窍其下而潜出都城者，或为僧道乞丐而遁者。

巡城御史日出巡视，仆从甚多，贼兵见者皆下马。

二十日，改大明门曰"大顺门"。有粘示于宣武门大街云"明当中兴"，言是观音赐梦，伪将李示捕左右居民杀之。

二十三日，都中微闻闯败。制将军刘将城外房屋督居民尽行拆毁，并及佛寺。运兵器上城守城，贼众相聚耳语，有涕泗者。

二十五日，伪礼政府示称："主上东征，不日回京登极，凡该管衙门预先备办，毋致临时失误。"

二十六日，闯从山海关归。步兵尽死，马一日夜驰五百里，心胆消丧。大队入城，全无纪律，人马尽惫矣。贼众遍搜驴骡，无论骞蔽俱尽。益肆淫掠，夜劫妇女，哭声震天。西城妇女填井死者，不可胜计。时纪功司李出示禁兵丁劫掠。

二十七日，忽传登极，百官朝贺。或云明日郊天，故城外预设卤簿，而权将军先以射伤入城。是日眠长桌上，用被叠覆手足，出其面。各兵俱束驮金帛于骡马，纷然而去。二十八日，闯既即位，尊七代考妣为帝后。吏户礼六曹各赦书。是夜五鼓，闯潜遁，而大队先出。

二十九日卯刻，焚宫殿、各门城楼，惟正阳门楼独在。后队至午刻尽出。所有随闯旧□伏匿不敢动。日暮，百姓各自守门，街巷炮声，自暮至晓不绝。是日，城中有传太子在平西营者，绅士共议守保，各搜斩遗贼数千。自成至州南闻之，复点兵数千，将入屠城。会平西兵已有过都城而南者，闯兵不敢北而西。

五月初二日，吴平西兵追贼兵过琉璃河，而自成复走西安。所过山西郡邑，多有闭城拒者。闯辄攻破，屠之。

初三日，摄政王入，复遣兵合剿西安，闯南逼襄阳。

明年乙酉，大清兵攻之。秋，自成弃走襄阳，至通城罗公山，为土兵所杀，献其首于楚督何腾蛟。表上之，降其众数万。

卷七　董狐剩策

（甲申前后楚豫燕齐事略）

微而显，志而晦，婉而成章，尽而不污，征恶而劝善，《春秋》所以纪事也。予传甲申事，皆以类从，大率断自闯入西安以后。其西安以前，及戮于献忠，与闯时二三从逆之迹，不类前简者，缀述于此。据事直书，其义自见，仲尼所言"董狐书法不隐"，愚亦窃有志焉。故以"剩策"系之董狐。

周藩守汴一

崇祯十四年辛巳二月十一日，闯驰骑至汴西门。时抚镇兵远屯境外，城守未备，门大开，贼骑不敢入，杀劫骡骑于门。城内惊，始为守御。午后闯贼至，四围力攻。巡抚高名衡暨郡王绅士登陴分守。周王出银二十万，露堆城上，示能杀贼一名者，予银五十两。

十二日辰刻，铜甲贼渠一名率三百余众，突至吊桥。安昌府校尉杨国柱从城上射贼中胁，立毙。从卒痛哭，扶而去之。巡按遂书其功于册，赏如约。国柱持银

117

大呼，以励众。军民夺登击贼，贼尽力竭攻，守城者亦尽力御之，杀贼甚多。

十三日，总兵陈永福从南阳督战士五百，一日夜行三百里，漏下四鼓，自贼营杀入城。闯薄城急攻，流矢中其左目，乍退。十五夜，大肆焚劫，十六日早，尽南去。

自十二日至十六日，杀贼三万余，城兵伤亦数千。城四面穿穴十有七处，城墙崩二十余丈，而贼终不能入，皆周藩出银募众之力也。

守汴二

十四年十二月二十三日，闯贼复至，其势倍前。攻南北东三面，城中复尽力守御。闯贼设誓：不破汴者不还兵。乃填壕设土墩，穿穴八十余处，炮震城堙，倒者百余丈。于是城内起夹城，上设云梯，从夹城道中下毛钩待贼。贼穿穴入者，即钩杀之，投火烧贼。贼死以万计。死于贼炮者，给棺殓之，官为吊祭，恤其家银米。城中民益效死守，守者皆郡绅富民养饲之。

明年壬午正月二日，丁督通贼，垂绳引卒上登。比及城之月城，城几陷。知县王燮奋死截救，得完。十三日，贼以粮尽退去。

是役也，总兵陈六死于炮，军民死者几及万，周王出银四十万，郡绅富民合出饷银十有余万，而巡抚都御史高名衡、总兵陈永福、知县王燮之功居多。

守汴三

十五年五月初二日，闯悉精兵二百余万犯汴。连营几四百里，南北几百里。然怵于前创，不敢遽薄城下。野外面麦方大熟，贼因为粮以困城。城中益死守，越月不下。

六月，左良玉将兵四十万，杨嗣昌将兵十六万，次出朱仙镇。贼有去志，而汴城兵单不敢出。嗣昌兵哗，尽溃；良玉亦折兵及半，入南阳。

七月，刘泽清从东率兵至河，张天一等背河一战，大败而返。由是无片舰南渡矣。

许定国奉诏援汴，士马不戢，多遁去，仅以数骑逍遥河北。

九月十七日，河决，水淹汴，溃。自五月至九月，凡百十有六日。汴城士卒，掘鼠罗雀，不足供食；蝥虫蛆蚋，悉取啖之。八、九月之交，水草斤价一两，人肉斤价五两。夫妇兄弟子女死者，恒自相啖，不待易而后食也。出金市米麦者甚多，然百金不可得升米。饥饿死者十七八，水死者十二三。盖河伯之灵，不欲使忠义之臣尽戮于闯寇之手也。是役也，汴虽不守，而以危城撄巨寇，相持日久。盖巡抚高名衡、总兵陈永福、监军御史王燮之功为最焉。

河南南阳府知府颜日愉，字阳华，浙江上虞人，癸卯孝廉。贼至汴，南阳震惊，日愉誓死固守，贼不敢犯。会飓风大作，贼兼程冒雨梯城。日愉挺身夺系，众皆挺身格斗，城以不陷。颜日愉中箭伤颅，毙于城上。其子文学臣名玮，趋扶其櫬而归，遂奔阙叩陈，诏赠同卿。玮以奔走致疾，亦死。

湖广江防道许文岐，字我山，浙江仁和人，甲戌进士。十六年正月，张献忠寇蕲州，湖广江防道文岐被执，不屈，驱至麻城，见从贼多麻人，密以忠义劝之，暗期从中击贼，以柳圈为口号。逆衿王固以旧恨泄其事，遂被害。临危叹曰："我所以旦夕不死者，正为此耳！今既不成，天也！奈何！"含笑受刃而卒。

河南主簿江朝明，贼破河南新郑，朝明不肯拜贼，遇害。

麻城县学教谕萧颂圣，十六年四月，献忠攻麻城，城陷。萧颂圣自刎。

旧辅臣贺逢圣，献贼既陷麻城，遂从鸭蛋洲渡江，掠武昌境，武昌大震。宗绅出郭以逃，或闭户深匿。江夏旧辅臣贺逢圣短衣徒步，碎首楚藩，丐金钱为守御计。旦夕登城，与守城士卒共卧起饮食。城陷，逢圣整衣冠，北面再拜。贼执之，逢圣从容言曰："我朝廷大臣，不得辱我！"献亦重之，称之曰"贺佛"，推之使去。逢圣又向北拜痛哭，投入墩子湖，死。时十六年五月也。冬十有一月二十二日，巡按黄澍得其尸于河，颜色如生。具棺殓之，盖百七十日矣。

署江夏县事徐学颜，贼至，守御不遗余力。城陷，学颜持刀格斗，左臂为贼所断，右臂尚持刀不仆，骂不绝口，贼肢解之。

巡江都司朱士鼎，为人胆气绝伦，晓习兵法。献攻武昌，获之，甚喜，授之以伪总兵。不从，戟手骂贼。去其右手，以左手染血洒贼，又去其左手。弃江滨而去。鼎不死，尚能缚笔于臂作楷书。巡抚上疏以闻。

巡抚宋一鹤，字鹤举，北直宛平人，庚午科乡荐。承天陷，一鹤自刎。幕客沈孟在焉，遂殓其尸。

钟祥县知县萧汉，字象石，江西南丰人，丁丑进士。被执，不屈。贼不忍杀，羁之空室，不食数日，题诗于壁而死。贼钦其忠，具棺殓之。

推官蔡道宪，十六年八月，献陷长沙，自抚臣以下皆窜，推官蔡道宪独不去。贼执之，劝之降，不屈。令叛将尹先民说之，宪骂贼三日夜不绝。贼怒甚，寸磔之。头已截断，而瞳子尚炯然不瞑。

湖广巡按刘熙祚，字思旸，南直武进人，甲子举人。献陷永州，被执使降，不屈，遇害于宁乡孔庙中。临绝，赋诗二章，题于永阳驿壁："干戈扰扰忽逾年，家室迢遥罔异前。南北骷髅已作垒，江湖宫殿竟成烟。杜鹃有血殷青草，乌鸟空号暴赭田。生死莫非由定数，丹心留照楚江天。""家山暌隔又经年，此日容颜非复前。草木关河俱洒泪，旌旗貔虎总成烟。漫劳老妇寻庄梦，寄语儿孙学艺田。化碧苌弘非草草，孤忠还与抗遥天。"

衡阳县知县张鹏翼，字充斋，四川西充人，贡生。十六年九月，献陷衡州，鹏被执，不屈，死之。子甫十一岁，亦被执，闻父死江中，亦赴水。贼救起，置营中。

安东令陈道寿，闻贼陷城，遂阖门殉难。

湘阴令杨开，字合泰，广东海阳人。闻城陷，与张鹏翼、陈道寿同时殉难。

孝子刘德广，涿州人，鸿胪寺鸣赞刘源汴子也。贼入，大索官僚拷掠，源汴名亦在索中。广匿其父，乃自当父名就掠，因骂贼死于杖下，父竟得免。

孝子生员高鼎。鼎，高光斗之子。光斗不知何许人，以三月十三日出狱。闯入，被索银，将拷掠。其子鼎挺然代父受之。

旧吏部主事张文烻，解职京邸。城陷，携其二老他匿，子士寿居守。贼搜及之，士寿虑僮仆泄父处，祸及祖父母。挺身向贼曰："我即张主事公之子，父为官清廉，盖藏甚少，悉我守之，若尽取可也。"伪将马遍括之而去，后数日，伪将李复执之，拷掠备至，寿且言为马将军掠尽。李令举姻属素豪者以自代，寿曰："生死分也，奈何移祸他人？"久系之不释，四月二十九日，贼遁乃免。

孝贞女姚全姑，萧山人，经历厅姚士忠之女也。贞女美姿殊绝，端谨寡言，行止无苟，父母钟爱之。而全姑性勤励，工刺绣，善纺绩，不以父母钟爱为心。尤明大体，士忠性尝舛戾，全姑每婉曲讽谏，靡不怡怡格亲心，中外咸称誉之。甲申，年及笄未字，闯入。后有伪权将军见全姑美丽，欲纳之。全姑瞠目大叱曰："此头可断，此身不可辱也！"贼执其父母、三弟妹胁之，必欲致全姑而后已。士忠曰："若女受辱，我辈虽生犹死，不若共死为正。"众皆诺。全姑大哭曰："生不能孝侍父母，友爱弟妹。今因女一人而斩姚氏宗祀，罪无可逭矣！"遽触柱求死，众抱持止之。全姑痛哭绝粒，示必死。贼见其志坚不可夺，乃数刑掠其父母。贼以事出，防少疏，全姑共其父母弟妹俱自缢。一弟绳断而窜。及暮，贼归，见全姑颜色不改，欲污之，尸忽转而动，贼惊以为鬼物将击己也，避去。而全姑以绳断，缢喉未绝，复生。贼喜溢望外，卑言求合，全姑佯应曰："若能殡我父母弟妹，方可从。若不然，将自刎。"贼从之，即厚葬其家数人。即葬，全姑始持刀骂贼，欲击之，因自刎。贼大怒，夺刀乱劈，顷刻而毙。

童生任之和。京师既陷，贼分骑走通州城下，大呼："京师已下，不得坚守。"伪弁魏广胜出粮五百斛饷贼，州遂破。任生年二十余，家贫母老，力学未遇。方读书，闻君死国亡，骤趋拜母，长叹出门，赴河而死。州人哭之。

文生万世道。贼既入，兵未及涿。逆生朱万祺纠参将李、绅士中之有赀者迎降。贼遣卒系旧相冯铨，世道知其事，遂投井死。

文生张彪。闯寇陷都城，涿州生彪，纠众起义兵。谋泄，遇害。

举人唐廷彦，字云实，四川云阳人，孝廉。三月二十日，贼骑过天津，兵备道已降。唐廷彦不辱，死之。

总兵曹友义。天津道原毓宗，贼既入都，大揭黄旗于城，书"天应民顺"；津间之民，皆书"民顺"二字于户。总兵曹友义单骑斩关出迎敌，毓宗率兵邀执之，而指挥杨维翰、协同副将全斌、总兵娄光先，俱叛降贼。

河间府知府方文耀。三月贼至河间，文耀不降，骂贼遇害。

景州二生，遗其名氏。闯檄所顺地方，凡举人、生员悉出应试，随才授职。一时冒进者皆欣欣自幸。景州二生并锄于野，乡人曰："新朝破格求贤，二公当用，何故退耕？"二生曰："我等正非新朝英彦，止宜锄地耳！"乡人曰："闻新令甚严，不应试者劂一手。"两生曰："我二人各一手，亦任耕耨矣。"

王生，名莫可考。闻都城陷，即于暗室中设先帝木主，旦夕拜哭之。

保定总兵马岱，本夷种也。闻贼破深泽县，岱即杀其妻焚之，率部卒出屯境外。贼涌至，岱势不支，披薙而走，莫知所之。

署河间府同知邵宗玄、署保定府知府何复、监军太监方正化、原任给事中尹洗、庚午举人刘会昌。闯寇既陷居庸，犯京师，遣其党刘宗亮驰寇畿南诸郡，所过悉下。贼至河间府，保定震恐，署府事同知邵宗玄力任城守，集官绅士庶，按剑而盟曰："今日之事，惟有死守，毋容他志。不，则有此剑在！"光禄寺卿张罗彦倡义守城，力赞其事。部署既定，知府何复、监军太监方正化皆至，相与死守。贼至，正化手发大炮击之。誓无降志。军士尽奋勇争先，炮发震天，贼死甚众。三月十一日，力竭不支，遂陷。邵宗玄、方正化、何复皆不屈死。原任给事中尹洗、孝廉刘会昌，同时严守。贼恨之，皆悬其首于市。先是，二十一日，李建泰退守保定，所载银二十七万。太监方正化讯："此银何用？"建泰曰："此饷银犒军者也。"正化曰："真定已陷，前去无可犒，今独守保定急，保定军宜犒。我为先生发之！"于是尽举所载银散之军中。而银多建泰私橐，内藏黄金过半，借饷役车载以西归，乃为正化所散。默然不语，而心甚衔之，亟欲败正化以逞意，故及。刘会昌，清苑人，庚午孝廉，有气节，敢任事，保定之役，倡义督守西门。贼攻急，会昌指挥益整。城陷，群贼拽昌入城西古庙，露刃诘之。昌叱曰："我布衣无职，恨天下无人，致尔小丑狂犯宗社，本欲鼓众复神京，脔食闯贼，以报先帝耳！"贼怒，犹冀其勇壮，诱之降。昌坚不屈，遂枭其首，悬之西关街市。

吏部文选司郎中兼光禄寺少卿张罗彦，字仲美，保定清苑人，戊辰进士，前军都督府都金事张纯仁子也。纯仁生六子，长罗俊，罗彦、罗士、罗善、罗诘、罗辅。彦初授行人，崇祯二年，满兵入，彦奉差助守保定，有功。十一年，满兵大入，击退。十六年春，有给事中赍敕过保定，夜半呼城，不开，给事怒，以闻，言张吏部擅司城钥，诏勿问。天下由是知张吏部有守保定名。彦少从纯仁居塞上，久习戎事，且好义，恤闾闬之急，故人乐为之用。甲申春，贼帅刘宗亮至河间，远近惶惧，兄罗俊曰："事急矣！吾兄弟当倡义坚守，蔽神京保护，遏贼势，国难其少纾乎！不济，则以死继之，固人臣之节也。"彦曰："然！保定为神京之要地，当为朝廷坚守，况今久无督臣，非我辈主之而谁任！"于是与署府事同知邵坚守数日，而知府何、监军太监方并至，协守甚力。贼至河间，将北向京师，闻保定守不降，乃移兵攻保定。督帅李建泰遇贼退守保定，独从亲

信兵役百余骑护饷入城，实以保私囊来，且欲将保定为
贽于贼。家丁孔姓为贼说降，罗俊即以计擒杀之。贼
至，先攻东门，诱降。罗彦等密计曰："人怀观望，莫
有斗心，发炮毙诱降者，则众志定矣。"遂悬重赏，令
发毙贼。贼又进至城栅，密遣乡兵从栅中突出击之，歼
贼甚众。贼奋攻三日夜不下，乃转攻西北，沿河立木，
大置攻具。李建泰忽禁城兵放炮，同知邵宗玄争之，
不得，投城下死。罗彦驰救之，因督守西北。时三月
二十四日也。忽闻京师已于十九日失陷，皇帝殉社稷，
罗彦大哭曰："我誓不与贼俱生。必保此一郡，以待四
方之兵诛逆贼者！"贼攻西北益急，炮火蜂集，罗彦尽
出其金银珠贝器物，立赏格：以火炮击贼者立予三百
金；凡炮矢中贼，与为贼所伤及误自伤者，各赏有差。
城兵大奋，炮发如雨。贼少退。刘宗亮乃斩其郡领数
人，复急攻，期日中不下，且撤围去。而李建泰中军郭
中怵、李勇潜与贼通，以项后小白旗为号。已刻，西南
城失火，贼遂乘城。罗彦知势不可为，急归，书其壁
曰："光禄寺少卿张罗彦，义不受辱。"缢死于井亭，
时年四十有八。其妾朱氏年二十四，钱氏年十七，俱
顺天人，闻城陷，皆坐井亭以待。见彦猝至，朱先自
刭，欲速死而气未绝，与幼女及钱氏共投井中。初，
罗彦倡义，问二妾曰："汝辈将如何？"告曰："愿从
主命！"彦曰："我有死耳！"皆泣下，曰："愿从主

死。"城陷，果如其言。罗彦子晋，邑庠生，见父自缢，引领命仆刭，仆不忍，怒呵之，即自投井中，年二十有六。罗彦子媳师氏，年二十，先自投井中，以绝夫虑。

张罗俊，字元美，癸未进士也。贼攻保定，知倡守者为张吏部，俱呼罗彦名詈之。及城陷，索张氏最急。罗俊从众中趋出，击贼首扑地，嚼其一耳，大呼曰："汝等指为霸城不下张罗彦者，我弟也！我即其兄张罗俊。誓不求生，反贼可速杀我！"贼争先杀之。遭创数刃而死，年五十有一。罗俊子仲，邑庠生，闻父在危城中，来奔难。及城陷，投街中井而死。

张罗善字舜卿，邑庠生。闯陷京师，闻警，书怀曰："逆寇声横起，王畿势渐危。吾徒宜仗节，何计可匡时？"又云："吾庐感慨悲歌地，日诵唐虞孔孟谟。拨乱匡时须俊杰，成仁就义属吾徒。"或有言闯为仁义吊伐之师者，罗善泣曰："国家二百七十年教养，未尝有负士子，奈何至此？"寇急，协兄登城，及陷，兄戒其勿死，善曰："有死节之臣，不可无死节之士。庶不忍见两兄皆死，我独生！"因瞩视其妇女皆入井，奔仲兄彦前，语云："同死！"彦曰："我受职当死。汝未受职，可不死。"善勿听，投井。视井中，皆妇女，乃向彦下拜，归投其室前井中，死之。高氏，罗善妻，年三十一，有女三人。贼攻城急，叹曰："吾死止留男，不留女！"于是先投次女于井，复束小女于怀，携长女同下。

张罗辅字中堂，癸未武进士。贼至，乘城射贼，昼夜无少休。走捍伯兄，欲溃围出，以为后图。罗俊不从。贼入，辅引弓射之，应弦而倒。莫敢近。顷之，矢尽，乃持刀砍贼，贼并围之。满身受贼锋矢，创多遂死。白氏，罗辅妻，年三十。适归宁，闻变，遽欲入井，众出之。白曰："我夫豪杰，城陷必死，岂可留妻子不若人耶！且张氏一家，势必尽死，我将何归乎？"众皆闭之，或以板覆井。少间，白以汲水，去其覆板，长女甫八岁，呼曰："儿来看井中何物。"二女就视，遽推入之，遂自下。遗一子一女俱幼，以失母故，并死。

高氏，张罗士之妻，早寡，抚遗孤十有七年。城围，即相策励死。及陷，或讽阻之，舭然曰："我为嫠妇久，必待受辱死乎？"遂缢。

王氏，张罗诘之妻，年三十二。贼至，方归省母，闻围急，遽返，诘怪问之，王氏曰："归欲与子同死耳！"即而泣语诘曰："我妇人惧辱，义必死。子兄弟六人，如皆死，即绝尔父母后，何忍？"诘从之，变形易服，从水门亡去。王氏与高氏同缢。

李氏者，纯心继室也。纯心为罗彦之伯父，已逝世久。李氏年七十有四。贼急，以两孙妇年少，励以死节。及城陷，遇贼，厉声曰："我张罗彦之伯母也。忠臣之家，城陷当死，何惜老命！"骂不绝口，被创破脑而死。

徐氏，张震妻也。震，纯心之孙。徐氏年二十五。城陷之时，谓祖姑李氏曰："太夫人年迈且欲死，即我年少，何为不死！"城陷，遂投井死。

刘氏，震之兄张巽妻也。与其弟媳徐氏并媐居。城陷，同投井死。

喜儿，年甫十六，张氏之婢女，亦从主投井中。

张氏义犬。保定之陷，张氏家死者长幼二十二人，贼至罗彦家，见众尸以及壁书，皆叹惋，有流涕者。罗彦尸在井亭，及女妇尸出自井中者，暴露三日，无敢瘗。独三犬恃其爪牙守护之，鸟雀皆不下。贼有窥之者，一犬啮其足，绝拇指而去。贼大骇异，乃令人藁埋。后三十日贼败遁，家人始启殡之，颜色如平时。

宣大监军御史金毓峒，保定人。甫受命至真定，而宣大已陷，兵贼且至恒阳，因退守保定。资助甚多。城陷，一绿衣贼执之，入三皇庙，使谒伪将。毓峒大声叱之，且曰："我恨不啮尔贼辈！"即奋拳打贼，投庙门大井而死。其妻王氏亦自缢。

武举人金振孙，即毓峒侄，年二十八，壬午科武举。饶膂力，善射。同时登城射贼，辄毙。城陷，众息戎衣自匿，振孙独否。贼执而诘之，曰："我御史金毓峒之侄，金振孙也。"遂遇害。

赐进士出身，大名兵备道朱廷焕，字中白，山东单县人。甲申作书寄镇江太守钱良辅，言："时势将倾，志在必死，儿幼稚，烦为荫护。"辞致激昂。闯寇犯阙牌至，廷焕劈而碎之，守其城不降。贼至，民哗，城乍陷。贼缚廷焕大木上，射之，廷焕骂不绝口，断舌而毙。

兵部武选司主事刘养贞，字念衡，四川邛州人，辛未进士。三月二十日痛哭先帝于茶庵，贼义之，不加害。闯既遁，晦迹布衣，卖卜都门。

举子刘勋，字最本，回裔，世居京师，善饮，颇豪，研思篆隶。崇祯丙子举人，喜愠不形于色。闯入后，弃书，遂隐耕于滦城之野。

故进士王延祏母与妻。延祏母陈氏闻城陷，投井，祏妻张氏曰："姑死，我何敢后？"亦投井死。

推官王世琇与女爱姐。贼破归德府时，世琇死之。其女适一儒生，婚未几，遇变。闻攻城声，辄严服以待。城陷，人曰："贼上城矣！"趋赴井死，时年十六也。

陈氏四妇四婢。故进士陈士章之妻张氏、士章之子郡庠生宗瞻妻杨氏、宗瞻子文学之妻常氏、文学弟金婴妻僖氏，凡三世四人，同时投井。四婢，马儿、罩、春、山花四人，亦从主携手共投井。

保定之陷，一时殉难者最多，乃有旧珰党臣刘御史献其女于贼将而求生者。

卷八　桑郭余铃

（吴三桂借兵复仇始末）

陈同父以桑维翰蹈郭子仪之辙，借兵复仇，而因咎唐太宗之失。语在《龙川集》中，不赘述。平西复仇之义，有似于桑、郭，而功业不同，故曰"余铃"。

借兵复仇

吴三桂，字长白，南直高邮人，辽东中后所籍。父勷，字西瓓，并起家武科。以军功历官都指挥使，镇守宁远。

崇祯十七年正月，以秦寇势迫，调勷入京协守，勷遂携家入京。

三月，廷议撤宁远镇，并调三桂入京剿秦寇，封三桂平西伯。上手敕谕之。三桂方奉诏，未及行，而闯已陷都城矣。闯入，各镇将皆降，三桂道未通。闯令诸降将各发书招三桂，又令其父勷亦书谕，使速降。三桂统师入关，至永平西沙河驿，闻其父为贼刑掠且甚，三桂怒，遂从沙河驿纵兵大掠而东，所过糜烂。屯兵山海城，益募兵议复京师。先是，十六年春，戚畹田弘遇游南京，吴闻歌妓陈沅、顾寿名震一时。弘遇欲之，使人市顾寿，得之，而沅尤幽艳绝世，价最高。客有干弘遇者，以八百金市沅，献之。是岁弘遇还京，病卒。后勷入京，三桂遣人持千金随勷入田弘遇家，买沅，即遣人送之平西。闯入京师，伪权将军刘宗敏处田弘遇第，闻沅、寿从优人潜遁，而沅先为吴勷市去，乃枭优人七人而系勷索沅。勷具言遣送宁远，已死。宗敏坚疑不信，故掠勷。时三桂兵止五千，已募，乃有七千人。虑兵少，无以决胜，闻满洲兵入猎，因驰书借兵，约共图京师。与副将夏登仕等歃血书盟，议战守策。登仕本秦人，意在降闯，三桂觇知之，酒次，即以女许字登仕子，割襟定约。于是委五副将守关，而己独任战。谋者以三桂叛据山海关闻，闯责刘宗敏，亦已潜释勷，且宴之矣。

四月十三日，闯晨起，胁勷军中以行，步骑精兵十余万东出。十九日攻山海城，围之数匝。三桂度势不支，益遣人夜驰告满兵一万，而己坚壁不出。山海城者，关内镇城也。东二里许，复有罗城外拒。闯虑三桂东遁，出奇兵二万骑，从山海西一片石口北出，而东突外城。薄关门，困截之。三桂不能遁，而满洲方尽发骑兵而西。比再见三桂使，度已势急，遂飞驰而入。

二十三日，至外城，则火炮从东向击。满兵疑，不敢进，驻兵欢喜岭，高张旗帜以待。三桂从城上望见之，急呼数骑，从炮击隙道中，突围出外城，驰入满洲壁中。见满洲九王，王曰："汝约我来，我来何用炮击？"三桂曰："非也。闯兵围关内三面甚固，又以万骑逾边墙东遏归路，故用炮击之使开，可得间道东出也。"九王曰："是也。然无誓盟，不可信。且闯兵众，关内兵几与闯同，必若兵亦剃发殊异之，则我兵与若兵俱无惮矣。"三桂曰："然。然我固非怯也，徒以兵少止数千。使我有万骑，则内不患寇，外犹可以东制辽沈，我何用借兵于若为？今兵少，固应剃发，亦决胜之道也。"于是与九王共歃血。三桂即髡其首以从。九王居后队，以三桂为前锋；英王张左翼，统万骑，从西水关入；豫王张右翼，统万骑，从东水关入。所谓豫王者，十王也；英王者，八王也；九王者，摄政王也。外城以西之卒尽糜烂。三桂复入关，急呼城中人尽剃发，使骇敌。或不及剃发，即以白布斜束项背，别之。即日，满兵尽入关，关内三面并出延敌。闯战栗，不知所出。三桂战甚力，满兵尚按壁不动。闯乍北，无战意。立斩枭吴勷首级，悬之至高之纛，以示三桂。闯遽返，众兵皆溃。满兵乃纵骑突躏之，步卒且尽，伤骑兵过半。所选骁锋战将莫不尽伤。闯兵大败走而西，三桂哭其父勷尸，至哀，九王为棕殓之。使英王、豫王急从三桂以西，且曰："迟即都城糜烂，无纤汋矣！"三桂遂西。

初，闯入京师，门禁甚严，缙绅无敢行者。及东出，禁少弛。道路之人，且言三桂夺太子入。入则太子复立，顺贼所署诸臣，必斩无遗。闯诸臣皆望门疾走，思乘间逃匿。

闯自永平驰千里马，一日夜至京师，即取吴三桂家属三十四口，尽斩于京市，而佯以登极祀天陈卤簿出郊。二十八日宵遁。

二十九日晨起，焚宫殿及各城门楼殆尽，惟正阳门谯楼不火。闯兵皆西，三桂及八王、十王追闯出关而西。

是日，有传太子入吴帅军，约入关令官民尽为先帝服丧，大兵入城，惟冠素者不杀。由是士民各制素冠。原任御史曹溶约诸臣共议城守以待。

五月初一日，立先帝位于都城隍庙，缙绅皆缟素哭之。权设五城御史，搜贼守门甚力。

是日，两江米巷诸臣商民闻吴兵将拥太子入，即合资为其家举丧。凡三十四口，悉具善椟衾衣殓之。

初二日，锦衣卫都指挥使骆养性同吏部侍郎沈惟炳诸臣立先帝位于午门，行哭临礼。既毕，骆备法驾迎东宫于朝阳门。

初三日晨起，诸臣俱赴朝哭临，各先行礼。礼始毕，士民有言卤簿出郊易舆之际，非东宫也，诸臣皆惶然遽退。及大兵入，前驺者麾都人悉去白冠，则大清九王率满洲兵入京师矣。城上白标骤遍，紫禁悉布毡庐，遂下令建国大清，纪元顺治。初六日为前明大行皇帝发丧，令百姓素服，哭临三日。十三日，三桂及二王还入京师，又自为先帝发丧，亦三日而毕。大清以都民搜斩余寇不已，下令："剃发者即非贼。"于是官民人等悉剃发无遗者。

六月，复下令蓄发如故云。

吴三桂入关之由

崇祯甲申岁，流氛大炽，将逼京师，怀宗宵旰忧之。以督理御营吴勷子总兵名三桂者，才武可用，召对平台。锡蟒玉，赐尚方剑，记重寄，命守山海关。三桂亦义气形于色，以忠孝自任也。先是，三桂有姜圆圆者，得之于田畹，三桂嬖之。备边命下，乃留圆圆于京师，而身出关焉。三桂去，而闯薄城，履天位矣。

三桂妾圆圆绝世所稀，自成知之，索于勷，且籍其家，而命其作书以招子也。勷从命。闯旋以银四万两犒三桂军。三桂大喜，忻然受命，入山海关而纳款焉。行已入关矣，吴勷妾某氏素通家人某，闯籍其家，家人即挈妾逃。仓皇出郭，行数日，竟不暇计南北也。二人猝遇三桂，计无出，诈曰告变。三桂问曰："吾家无恙乎？"曰："闯籍之矣。""吾父无恙乎？"曰："闯籍之家，并拘执矣。"三桂沉吟久之。厉声问曰："我那人亦无恙？"指圆圆也。曰："贼夺之。"于是三桂大怒，瞋目而呼曰："大丈夫不能保一女子，有何颜面？"勒马出关，决意致死于贼。遂召军吏，策士卒，誓众，以报君父仇为辞。三桂意气悲壮，居然有与贼不共戴天之仇，一军皆叹曰："吾帅忠孝人也！"塞外有散卒，三桂招之，皆感激来归，信之，曰："吴帅忠孝人也。"共收兵一万八千人，复不敢动。部将胡守亮素通满语，乃献借兵之策。守亮即入满营，见九王，王许之，下令去兵相见。三桂见王，声与泪俱下，侃侃千百言。王义之，即以王呼三桂曰："吴王真明朝大忠孝人也。"三桂即剃发，阅数日，整师南行。闯闻之，率众来战，人马广八十里，其长无际也。闯攻，三桂请王兵，王曰："君主余客，主先，客继之可也。"三桂亲执桴击鼓以兴师。其侄国贵提刀跃马，身先陷阵。士卒人人自奋，一以当百。自卯历辰，杀贼无算。闯恃甚众，亦力战不退。三桂急复请王兵，王乃命二固山以骑兵两翼出。闯见流矢，大惊曰："海和尚至！"遂溃。闯杀三桂父勷，悬首于纛，自乘千里马逃归京师。杀三桂母及眷属，遂遁。

刘生曰："自古不子不臣之人，鲜有如吴三桂者。当自成薄城日，假令自成虽迫死君亲，而不图夺其妾，三桂固已卷甲归之矣。徒以嬖妾故，与闯争床第之私，然后效申胥之泣，乞王师，剿巨寇。彼披发于面，悬首于纛者，曾何足系三桂之心耶？厥后受封于王，又复地僻生恃，鼓浪滇池。而论者因仅诛其晚节，而犹称其昔复仇事，以是知三桂之一身，固始终一不忠不孝之人也哉！”

滇南僭位

三桂自受封平西王之后，专制云南，谋为不轨，凡流官相貌魁梧、有吏治才者，以甘言诱之，收军养马，遂僭位，年号曰“昭武”。时吉州伍菊耦先生言与人曰：“以昭字分拆之，乃斜日刀口。日已过午，不可久照，而又在刀口之侧，老贼其将死矣！”后果如其言。三桂初心亦欲臣闯，已入关矣，后闻家人言姜被劫，遂怒，勒马出关，誓报私仇。虽其父勒又致书降闯，不从父命，乃曰：“父既不得为忠臣，男又焉能为孝子？”颇有大义灭亲之论，自古忠臣孝子，有如是哉？（吴梅村有《圆圆曲》，云：“痛哭六军俱缟素，冲冠一怒为红颜。”又云：“全家白骨成灰土，一代红妆照汗青。”讥三桂也。）

卷九　戾园疑迹

（伪太子始末）

昔江充作奸治巫蛊，卫太子据矫节杀充。使者以反闻，孝武使丞相屈氂捕之。太子出亡，至湖，匿泉鸠里。孝武寻悔，无杀太子意。太子卒自缢。孝昭五年，阳夏男子成方遂居湖，故太子舍人谓曰："子状貌似卫太子。"方遂利其言，冀得富贵，遂乘黄犊车，诣阙自称卫太子。诏公卿集识视，莫敢发言。隽不疑独叱从吏收捕，付廷尉验治，竟得奸状。方遂坐诬罔不道，腰斩。孝宣元年追谥故皇太子曰"戾园邑"焉。今大行皇帝太子遭闯乱，不知所之，其后有自称太子来，一时识视者，卒被刑戮。事固与戾太子异，而谳狱者几于方遂同。然而天下后世疑不能明也，纪《戾园疑迹》。

文书房传出揭帖，皇子公主排次。

大行皇帝遗三子：长太子，甲申年十六岁；次永王，甲申年十二岁；次定王，甲申年始十岁。长太子名慈烺；永王名慈焕，皇贵妃田氏出；定王名慈灿，周皇后出；一长公主，周皇后出；四坤仪公主，袁妃出；五怀隐王；六长平公主。

怀隐王幼而甚慧，上绝爱之。癸未，怀隐王病将薨，忽称奶奶为九莲菩萨，并言奶奶即隆庆李后，其言万历亲母也，先，李皇亲武清侯以不助饷褫爵。时九莲菩萨具言于皇后口中，因复武清爵。而宫中事佛自此始。

闯犯阙时，上遣太子及二王出匿，命太子至成国公府，命定王至嘉定侯府，命永王至田皇亲府。太子最后出，不及至成国府，而匿民间。永王、定王并至嘉定府。十九日闯入，求上及皇太子。三十日晨起，嘉定侯周奎以永、定二王入朝。闯令行君臣礼，不从，遂长揖。闯曰："若父何在？孤必无杀意，何不出一见孤？"永王曰："不能面受卿辱，自缢宫中，无他往也。"闯问："早来曾食乎？"王曰："尚未用膳。"因进饭，与之共食。是日午刻，得上崩驾信，闯谓二王曰："若父皇何苦自缢？即存，孤将与分治江南，不忍有弑君之名。今即自缢，非我杀也。今无伤，俟天下大定，孤将裂地而封尔，无忧也。"因发交伪权将军刘宗敏，令善养之。二王既至宗敏所，尚衣赤，谓监视军士曰："我当衣素，奈何衣红？可取素衣来。"军士曰："何来素衣？将往取宫中，可乎？"王曰："不可。"遂罢。二十二日，二王复入朝，闯语在廷者曰："我将以杞宋之礼待之。"往来皆乘骡。

四月初九日，复入朝。闯命之跪，永王不屈："何不杀我！"闯曰："汝无罪，姑免。"已而平西复仇之兵且至。十三日卯刻，自成东出。二王各令一卒抱持马上，百姓叠拥观之。民间遂言太子亦在营中。至通州驻马，百姓有叩头者。定王失一履，通州民趋与着之。既东，闯与吴兵战，且败。时晋王亦在闯营，跃马驰入吴军曰："我晋王也！"吴军留之。以故晋王得无恙，而人遂传太子、定王为吴军夺去。于是都民引领望太子、定王入矣。二十六日，闯骑乍归，部署尽乱，未有知太子、定王入者。既而吴兵入，亦不见所谓太子、定王也。或言定王已遇害于城南之空苑，而太子、永王终不知所之。

冬十一月，忽有男子貌似太子，同常侍投嘉定侯周奎府中，曰："皇太子也。"周奎佯不能识，奎侄铎以侍卫，引与公主见，公主抱头大哭。哭罢，奎饭之，举家行君臣礼。因讯太子："向匿何所？何由得至？"太子言："城陷之日，独出匿东厂门，一日夜出，潜至东华门，投腐店中。店小儿心知为避难人也，易予以敝衣，代之司爨。恐有败露，居至五日，潜送至崇文门外尼庵中，以贫儿托投为名，尼僧不疑，遂留居半月。而常侍偶来得见尼僧，始觉异常。谋之竟日，恐不能终匿，常侍遂携归，藏予密室，以故得存无恙。今闻公主在，故来。"言讫，傍晚与公主哭别而去。数日复至，公主赠一锦袍，密戒云："前来，皇亲上下行礼进膳，顿生疑衅，可他去，慎无再至也。"痛哭而别。十九日又至，奎便留宿。二十二日，奎侄铎与奎谋曰："太子不可久留，留必自害，不如去之。"奎因语之曰："太子自言姓刘，说书生理，可免祸。否即向官府究论。"太子曰："我悔不从公主之言，今已晚矣。如此，何不遣行，乃留我何意？"奎曰："汝第言是姓刘，假太子即已。"太子坚不从。晚，奎令家人棰击之，逐之门外。捕营健卒遂以犯夜擒去，明晨献之刑部，曰："此假太子也。"即会刑部山东司主事钱凤览勘其事。凤览，字子端，号兰台，浙江会稽人，以祖父文贞象坤荫生中书升刑部主事。因家累居京师，仕清授原职。尝怀恨不得志，遂以佯狂嗜酒为事。讯内侍旧臣真伪何如，内侍常共言此真太子也。旧司礼太监王德化亦言其真。百姓观者数千，皆应声称真太子。是日送入殿中，廷勘之。太子言宫中事颇同，历讯之，内监多不言是。有一杨姓内监在旁，太子曰："此杨太监，尝侍我，讯之可知。"杨仓猝曰："奴婢姓张，不姓杨。先服侍者，非我也。"因呼旧锦衣尝侍卫者十人，讯之，十人齐跪曰："此真太子，愿无伤！"讯之晋王，晋王执不言是，独旧常侍内监是之。遂下常侍内监及锦衣十人同太子皆系狱。明日刑部复讯之，终不能决。而执言太子伪者，率以太子所不能之事为难太子。

钱凤览上疏力诤

窃谓前太子危地也，或生或死，或侯或王，权在于朝廷。何所觊觎而假之？即贵而侯矣，不能富贵及人，贫贱又何所利而为此？无论其供称保者验者俱确有所凭，即在部五日，所见刑戮之事，指不胜屈，假者能无愧心？而一悲一欢，一言一动，略无怔惧，常人能片时装饰否？此满汉在部诸臣朝夕起居所共悉者也。周奎恐惧，妄以为假，岂有所为假冒也。昨刑部官共讯周奎，奎遁辞曰："即以真为假，亦为国家除害。"其愚妄之私，尽露于此一语。讯问太子不能尽答，辞或颠倒。盖居养既失，不堪挫辱。使听其从容自道，详有八九，自不可以民犯类断之。周奎以皇亲又得罪先帝者也。清朝优以爵禄，虑有太子，祸且及身，既已有心，自难实告。故周奎不言是，诸臣自然瞻顾；大内员不言是，小内员益皆不敢言是。民实有口，何能混淆？昧死剖陈，仰祈鉴裁。

疏上，复与晋王廷质太子，晋王执不言是。凤览勃然不悦，语侵晋王。时旧阁臣谢升入内院。升旧尝侍讲职，太子初讯时，升亦以为非是。太子呼升曰："谢先生岂亦不能相识乎？前某日讲书某事云云。"升默不复言，乃曲躬一揖。凤览复怒升，因叱升不臣。有内臣识太子者，言太子额微有瘢，今无之。而太子固无瘢，廷臣皆不之信，复狱系之。（正阳门商民各具疏请释太子，共詈谢升悖逆无道，禽畜。）

宛平县民人杨时茂上疏

为逆臣无道蔽主求荣事。缘大内院冯洪之不识太子者，以实未尝在朝也。谢升身为宰辅，入侍讲筵，不能君辱臣死，亦已过矣。既仕清朝，遂忌小主，此弑父弑君之徒，不足立于民上者也。曹化淳以亲近内臣，尝妄奏招募夷汉官丁，又请建营房，糜费帑饷，卒之开门迎贼，贼入城，挺身侍从入朝。今清入都，又复侍从，此则卖国乱臣，虽万斩不足服兆民之心。太监田贵以不齿之人，亦恃势妄奏。内员之恶，一至于此。至若周奎起家算命，谬皇亲之重，先帝付以皇子，以骨肉至亲可托。城陷之日，即献于贼，此杀主求荣之臣，自宜不顾太子，以绝明天子之嗣。其侄周铎本内称太子："系说书人，有六十岁老母，有胞兄。"既得此语，今何不得其人，其贪欺之心见矣。如以奎、铎妄语，致疑太子，不如将茂之身肉剁为泥，骨磨为粉，以赎太子，茂得从先皇帝于地下，茂死且不朽矣。

顺天府内城民人杨博等疏

为叩留故明太子以续旧王嗣事。旧君崇祯三子，贼未加害。其太子之献，臣等咸知其真。有识其面目者，识其口齿者，识其声音者，又识其行走者，更有识其腿上疤记者。种种是真。如指挥张文魁、内侍常进节，及孙近侍可问也。若周奎、周铎、曹化淳、谢升，皆卖国求荣之辈，足见忍心害理。太医院官进宫诊视，多无有过于此者。今含糊支吾，不受奎托，必受升嘱矣。嗟乎！太子生深宫之中，长阿保之手，珍衣玉食，悉异民间。自三月迄今，已八月有余，操心也危，虑患也深，自然形貌稍改，不足疑也。

朱徽等上疏

为从容研鞫，真伪自分，奸宄叵测，当即立除事。窃以太子为假，周铎何留宿二日始奏？初见时，公主抱持痛哭，岂陌路能动至情如此？奎初与之衣食，复加捶楚，情事诪张变幻可知。今必从容研质，真伪自分。草草毕事，诚恐廷臣曰假，而百姓疑；京师曰假，而四方疑；一日曰假，而后世疑。众口难防，信史可畏也。

十二月初十日，钱凤览复疏劾谢升，摄政王御殿谕群臣曰："汝等力争太子何意？我自有着落，何必汝辈苦诤？"而赵开心、钱凤览复面奏言太子甚切。摄政王曰："尔等言太子真伪，皆无伤。言真，不过优以王爵，言伪，必伪者家识之，乃决。独晋王为明朝王子，谢升为明朝大臣，而凤览不逊晋王，为口君，百姓骂大臣，为无上，皆乱民也。除太子系狱外，凡争言太子无状，及钱凤览、赵开心等尽斩之。"时廷臣共乞生凤览、开心。满御史叩救开心，因开心奏时无甚唐突语，以故得免。汉臣之救凤览者亦力，因改绞。即日摄政王旨：除御史赵开心还职罚俸三月，钱凤览、朱六、邵贵、尼僧真庆着即绞。李时印、张文魁、申良策、郑国勋、杨博、杨时茂、张元龄、常进节、杨玉各斩决。复锢太子于太医院中，给十八人守之。

正月元旦后，谢升早朝出，见凤览于前，谢升拱手曰："钱先生在此。"忽不见。归即病，数日病笃，颈忽渐肿，曰："刑部钱先生至，可献茶。"又曰："钱先生幸少宽我，毋太拘急！"遂死。后摄政王闻之，竟无杀太子意矣。（初，升艰于举子，先帝曰："焉有清忠若卿，而终无子者？"帝预赐名曰"重光""重辉"，后妾果生二子，荫中书。）

祁八聚众

乙酉四月初八日，东阿县凤阿营富民祁八忽聚众，骡骑遇之，悉劫往救。太香义村生员杨凤鸣为军师。祁八伪称大将军，地民张三为前锋，立义旗二竿。地近上林，上林尉请兵部发骑兵击之。初七日，大兵下东阿，张三至军门詈曰："若速还我太子，不然，尔等无遗类矣！"骑兵奋刃趋之，急呼放炮，炮未及发，而张三已被斫矣。遂屠凤阿，擒祁八、杨凤鸣入京，斩决。后上林生员孙大壮以聚保米育城壮丁千百人复仇。初八日，获之，系之兵部。讯之，曰："我非祁党，不必辩。然太子固真，可速还我太子！"言语不□，遂腰斩之。

初十日，榜示太子，称其伪焉。

卷十　使臣碧血

（左懋第北使殉节始末）

苌弘之事周王，忠于公室，以党于范氏，晋人封而杀之，藏其血，三年而成碧。此忠之所由积也。左先生之北使也，执节类苏属国，抗议类富郑公，从容类文信国，卒以见戮。呜呼，国家养士三百年，而能以诗礼之泽，对扬祖宗于地下者，左先生其无憾者矣！纪《使臣碧血》。

萝石先生节略

刑科给事中左懋第，字萝石，山东莱阳人，崇祯辛未进士，历官给事中。甲申春，奉诏督兵湖襄。夏闻变，誓师而北。会福王建号金陵，改元弘光，懋第入见，泣陈中兴大业。遂命视师江上，除右都御史，总理戎政事。江左朝士方棘，辅臣马士英议遣使求清告祭明大行皇帝，众莫敢行。左懋第母死于天津之官屯，闻讣至，疏请终丧，不许。因请使北，乃遣水师督臣陈洪范持节，懋第及太仆寺卿马绍愉副之。以洪范尝镇辽左，与清用事臣易通，故授以经理河北、联络关东之命，而达书于清，傅以金帛。因册平西伯吴三桂为蓟国公，世镇燕京。

赐左懋第一品服，加兵部侍郎，兼都察院右都御史以行。懋第曰："我非敢以宠荣易衰绖，顾此行君事亲事可以两全，否则抗节而死，不负读书，以报我君亲于地下也。"

秋八月，行次沧州，洪范闻清已封平西伯吴三桂为平西王，于是遂遣信先奉册命授平西伯吴三桂，谕来意。三桂不发书，缄册封奏摄政王览之，册内有"永镇燕京，东通建州"语，王怒，然朝议既以礼来，且令使臣入见。

九日，懋第至杨村，士人曹逊、金镳、孙正强见懋第言报国之志，欲从懋第行。懋第曰："渡江以来，仅见汝等。今上正位继统，思义勇以佐中兴，尔辈正不可多得。"并录署参谋以行。十月初三日至张家湾，时议以四夷馆处使臣，洪范无辞，懋第谓通事曰："我奉告先帝并酬贵国之命北来，以贵国为我先帝成服，不敢先之以兵。奈何以夷馆处使。若以属国相见，我必不入。义尽名立，师出有名，我何恤哉？"往返再四，遂议以鸿胪寺处使，遣官骑迎之，建旄乘舆，肃队而入。十四日内阁大学士刚林见使臣曰："何不朝觐？"第曰："议礼定，然后见。本朝不知贵国之事，以贵国有礼于我，故命使臣陈谢，自应以客礼相见。我朝不幸罹此大变，今皇帝正位继绪，图中兴大业，汝何言朝贡也？"刚曰："尔福王奉何人命僭位？"第曰："先帝遇变升遐，岂有遗诏？今皇帝为先帝之弟，兄终弟及，率土归心。奉天继统，理所宜然。"刚曰："既知崇祯死，若何不死？"第曰："若此言可以责我。我奉先帝命，督兵剿贼，月余始闻变。我固为今日计，徒死何益！"刚曰："既剿贼，贼破京师时，尔作何事？"第曰："我奉命剿张献忠，犯京师者，李自成也。我闻变时即勒兵北行，路闻汝国已驱贼都燕，我若即来，非剿汝矣。以若言，不过难我以不死。譬如昔年汝国入犯琉球，高丽遂叛。汝国可以责守国诸臣，其将兵入犯者，何能罪之？"时懋第声色俱厉，而洪范、绍愉唯嘿不言。第曰："莫说我江南小，江南尽大！"刚曰："谁言大！"第曰："是我说者！"刚即遽去。明日复来言，略如前。第曰："我来祭先帝，因酬谢贵国，非以降及和来，安以属相见？若相见礼少错，后无一事如命矣！"洪范曰："既不可见，姑以金帛先之。"第因举示曰："银两以赏陵工军匠，金帛以酬国王。"悉以付刚。刚欢笑而去，私赞第曰："此中国奇男子也！"懋第慷慨劲烈，辞旨益坚，故清亦不得有加于使臣而心甚重之，馈食礼貌甚隆。懋第以谒请，报言崇祯已葬，可毋往。第竟不得至陵，乃陈太牢，斩衰，率将士北向哭于寺厅三日。都人闻之流涕。守卒以告，王益重之，而欲生致懋第，终不屈。约洪范谕江南降，爵为侯，洪范许之。

二十七日，忽数骑至，遣行，出永定门。十一月初五日，止沧州十里铺，又数骑从尝大人来，遮懋第、绍愉还，独遣洪范行。骑卒有从洪范南行，有从懋第北行者，尝不之问，而清已祭告蚩尤旗，发兵南下矣。摄政王令内院谕懋第：“静听，勿有违越。”都司刘英、游击樊通往来侦事。

明年春正月，刘英、曹逊、金镶三人俱入讯，昼闭门不通，夜逾墙入见懋第。懋第曰：“近者人以利害之说动我，我指壁书示之：‘生为明臣，死为明鬼，此我志也。’”又以上摄政王启示曹逊，曰：“此启足为使节光。然今日之事，有可否而无成败。”懋第曰：“我心如铁石，亦听之而已！”

三月十九日，大明大行皇帝弃社稷群臣百姓已匝岁矣。第奉一牝，祭告大哭，双目尽血。复为文以只鸡樽酒祭告从难诸臣：“懋第惟不死，以为此祭也。嗟乎伤哉！”

四月，发疏藏之蜡中，遣金镶及都司杨三泰驰金陵奏之，而江淮阻兵不得达。比至五月中旬，金陵已失守矣。曹逊告懋第曰：“如何则可？”第曰：“此事皎然如日月，我志已决！”援笔成诗，诗曰：“峡圻巢封归路回，片云南下意何如。寸丹冷魄消磨尽，荡作寒烟总不知。”

王谕懋第降且髡，不从。中军艾大选首髡，且劝第降。第大怒，麾从官立毙杖下。王闻之，而心甚善之。十九日，捕懋第下刑部，部吏曰：“何不早薙发？”第曰：“我头可断，发不可薙！”遂下狱。二十日，加铁锁三，拥入内朝。懋第丧冠白袍，面南向，坐于庭下。王心雅重之，欲生懋第，且重用之。问在廷汉臣曰：“卿等云何？”侍郎陈名夏曰：“为崇祯来可饶，为福王来不可饶。"懋第曰："若言福王，是先帝何人？且若中先朝会元，今日何面目在此与我说话！"名夏语塞。兵部侍郎秦某曰："先生何不知兴废？"懋第曰："兴废，国运之盛衰；廉耻，人臣之大节。先生止知兴废而忘廉耻乎？"于是廷臣无复言者。王曰："尔明臣，何食清粟半载，而犹不死？"懋第曰："尔人攘我朝之粟，反谓我食尔粟耶？且古之致力中原，亦藉夷狄之食者。我国家不幸罹此大变，圣子神孙，岂曰无人？今日止有一死，又何多言！"王色变，挥出斩之。都御史赵开心前启王曰："杀之适足以成名，不如释之。"王将可其奏，而懋第已就刑矣。懋第就刑时，至宣武门外菜市口，昂首高步，神色自若，遂南向四拜，端坐受刑。是日大风尽晦，都人士奔走流涕，拜于道旁者，不可数计。所从懋第，马绍愉率将士悉髡以降。惟参谋通判陈用极，游击王一斌，都司刘统、王廷佐，千总张良佐，系从懋第北使者，俱不薙发，同日遇害。

明年丙戌六月十九日，陈洪范病将死，亟呼"左懋第老爷至"，遂死。先是，洪范旧通辽左人语，入燕，以江左情实告清，而心卖懋第，洪范遂爵侯。自侯至死仅期年。（按：刘统字君常，宣城人，任侠有气节。以黄将军荐，授游击。所向无敌，尝杀敌千百人。军中以其面两旁皆青，号为蓝面将军。己酉六月二十日，从左公仗义不屈节，同陈用极、王一斌等五人被害。时大风走沙石，屋瓦皆飞，京城为之罢市。）

跋

　　予往草《左萝石传》，得《传信录》，而萝石之大节复著于海内。嗟夫！石铭不典，乃有桃简之祸！自东晋以后，世之所传为信史者，大都魏收官氏之志而已！奚始今日？微一二孤臣遗老，以所见闻识桑海之变，更阅数百年后，先朝人物，当无复有知之者！然则信史之不足信也！予于《明史·左萝石传》，尝痛叹久之。钱穉农于癸未仲秋入都，迄甲申国变，举其所见所闻者著之是篇，曰"以俟作史者取裁焉"。然其中著录多不为《明史》所采。嗟夫！是岂穉农信以传信之意耶？往者南海吴朴园辑《胜朝遗事》，尝采是篇，仅录其《睿谟留憾》一卷，盖非不信也，芝兰当户，不得不锄。嗟夫！然则是篇之著于人间亦仅矣。予得是篇于羊石肆间，后复于嘉应谢氏得见手钞本，纸墨黝黯，视此本无以异。予因以草《左萝石传》，则视之尤宝。今夏来沪，出示秋枚曰："昔之于《胜朝遗事》中，未窥全豹者，今或可补其缺也。"秋枚乃谋刊之。如是，而吾会藏书楼又多一瑰宝矣！

丙午八月黄节跋

弘光实录钞

［明］黄宗羲

目　录

序

　　寒夜鼠啮架上，发烛照之，则弘光时邸报，臣蓄之以为史料者也。年来幽忧多疾，旧闻日落。十年三徙，聚书复阙。后死之责，谁任之乎？先取一代排比而纂之，证以故所闻见，十日得书四卷，名之曰《弘光实录钞》。为说者曰："《实录》，国史也，今子无所受命，冒然称之，不已僭乎？"臣曰："国史既亡，则野史即国史也。陈寿之《蜀志》，元好问之《南冠录》，亦谁命之？而不谓之国史，可乎？"为说者曰："既名《实录》，其曰钞者，不已赘乎？"臣曰："钞之为言略也。凡书自备而略之者，曰钞。《实录》纂修，必备员开局，今以一人定闻见，能保其无略乎？其曰钞者，非备而钞之也，钞之以求其备也。"臣既削笔洗砚，慨然而叹曰："帝之不道，虽竖子小夫，亦计日而知其亡也。然诸坏政，皆起于利天下之一念。归功定策，怀仇异议。马、阮挟之以翻逆案，四镇挟之以领朝权，而诸君子亦遂有所顾忌而不敢为，于是北伐之事荒矣。逮至追理三案，其利灾乐祸之心，不感恩于闯贼者仅耳。《传》曰：'临祸忘忧，忧必及之。'此之谓

157

也。呜呼！南都之建，帝之酒色几何，而东南之金帛聚于士英；士英之金帛几何，而半世之恩仇快于大铖。曾不一年，而酒色、金帛、恩仇不知何在！论世者徒伤夫帝之父死于路而不知也，尚亦有利哉！"

　　　　　　古藏室史臣识，时戊戌年冬十月甲子朔

　　弘光南渡，得手钞便为信史。当今未敢矢口迁、固，然如此命笔，他日当不下晔、寿也。承命欲题数言，深荷盛雅。身为大臣，不能引决，颜厚有忸怩，其奈之何？或待此种种者，差可握手，少有以自盖也，而后为吮毫之计乎？知吾□□知此怀也！

卷 一

崇祯十七年夏五月庚寅，福王建监国于南京。

讳由崧，神宗皇帝之孙也。父常洵，国于洛阳，十六年正月，为流贼所害。北都之变，诸王皆南徙避乱。时晋都诸臣议所以立者，兵部尚书史可法谓太子，永、定二王既陷贼中，以序则在神宗之后，而瑞、桂、惠地远。福王则七不可（谓贪，淫，酗酒，不孝，虐下，不读书，干预有司也）。唯潞王讳常涝，素有贤名，虽穆宗之后，然昭穆亦不远也。是其议者，兵部侍郎吕大器、武德道雷縯祚。未定，而逆案阮大铖久住南都，线索在手，遂走诚意伯刘孔昭、凤阳总督马士英幕中密议之，必欲使事出于己而后可以为功。乃使其私人杨文骢持空头笺，命其不问何王，遇先至者，即填写迎之。文骢至淮上，有破舟河下，中有一人，或曰福王也。文骢入见，启以士英援立之意，方出私钱买酒食共饮，而风色正盛，遂开船。两昼夜而达仪真。可法犹集文武会议，已传各镇奉驾至矣。士英以七不可之书用凤督印之成案，于是可法事事受制于士英矣。

　　臣按：士英之所以挟可法，与可法之所以受挟
于士英者，皆为定策之异议也。当是时，可法不妨
明言始之所以异议者，社稷为重，君为轻之义。委
质已定，君臣分明，何嫌何疑而交构其间乎？城府
洞开，小人亦失其所秘，奈何有讳言之心，授士英
以引而不发之矢乎？臣尝与刘宗周言之，宗周以为
然。语之可法，不能用也。

进兵部尚书史可法东阁大学士，加凤阳总督马士英
兵部尚书、东阁大学士，改户部尚书高弘图为礼部，入
阁办事，召工部侍郎周堪赓为户部尚书。

　　辛卯，召姜曰广、王铎，俱礼部尚书、东阁大
学士。

　　壬辰，以总兵张应元镇守承天。

　　戊戌，瑞王常浩避寇驻重庆。事闻，命总兵赵光远
镇守四川。

　　己亥，以总兵郑鸿逵镇九江，黄蜚镇京口。

　　庚子，设四藩：以黄得功为靖南侯，高杰兴平伯，
刘泽清东平伯，刘良佐广昌伯。

　　四藩者：其一淮徐，其一扬滁，其一凤泗，其
一庐六。初，黄得功、高杰在北，刘泽清在山东，

刘良佐在淮北。北都既陷，乱卒南下不遂，皆渡淮而处，而淮北为贼所有。马士英既借四镇以迎立，四镇亦遂为士英所结。史可法亦恐四镇之不悦己也，急封爵以慰之，君子知其无能为矣。

晋左良玉为宁南侯。

壬寅，福王即皇帝位，以明年为弘光元年。

黄得功、高杰相攻。

四镇欲以家眷安插江南，浮兵而渡。亟谕止之，令择江北以处。而得功、泽清、杰皆欲维扬，争端遂肇。及有旨杰住扬州，而杰兵凶暴尤甚，扬人恶之，闭城登陴，坚不肯纳。得功以其家眷至仪真，遂传攻，杰亦野营以待之。史可法百方调停，而以瓜州处杰。

乙巳，大学士史可法出督师于维扬。

士英入参机务，可法动受其制，不得已而出。留都诸生数百人合疏留之，不得。至十月，有何光显者，请召可法，拟士英操、莽。廷杖杀之。

贼帅刘暴颁伪敕于靖南侯黄得功，系之。

闯贼以董学礼为淮镇，领兵一千五百，至宿迁，使伪镇威将军刘暴持敕五道，谕降得功、高杰、刘伊盛、大教场刘肇基、小教场徐大受。得功系之，候命正法。

己酉，御史陈良弼劾从贼詹事项煜。

煜自北京逃回，混入班行。

辛亥，设勇卫，以总兵徐大受、郑彩分领水陆，阉人李国辅监之。

壬子，魏国公徐弘基、安远侯柳祚昌、灵璧侯汤国祚、抚宁侯朱国弼、南和伯方一元、诚意伯刘孔昭、东宁伯焦梦龙、成安伯郭祚永，各晋官衔二级，加禄米五十石。

司礼监太监韩赞周、司礼秉笔太监卢九德，各荫弟侄二人锦衣卫佥事，世袭。

甲寅，上命行祭告礼。泗陵、凤陵，遣督师大学士史可法；显陵，遣宁南侯左良玉；神烈山韩宪王坟，遣灵璧侯汤国祚、成安伯郭祚永；寿春以下诸王，遣凤阳府官。

乙卯，破贼报至，封吴三桂蓟国公，世袭。

四月二十日，吴三桂引北兵与贼战，败之。次日又败。二十七日，贼收兵入城。二十九日，贼将其资重出京，至芦沟桥，又遇北兵败之。北兵追贼至保定至固关。

召陈子壮为礼部尚书。

六月丁巳朔，宁南侯左良玉自序恢复地方。

十六年八月复武昌，十月十三日复原武，十一月二十七日再复袁州，又复平乡，十二月初二日复万载，初五日复澧陵，二十六日复长沙、湘潭、湘阴，又复临湘、岳州，十七年正月十六日复监利，二十二日复石首，二月十一日复公安、惠安，乘胜直捣随州。未满三月，复府州县一十四处。

庚申，复宿迁，擒贼官吕弼、周王富。

追崇皇考曰恭皇帝，皇妣田氏曰恭皇后。

辛酉，上大行皇帝谥曰烈皇帝，庙号思宗。

起钱谦益协理詹事府事、礼部尚书。

壬戌，遣御史陈荩募兵云南。

惠王常润寓肇庆，事闻。

癸亥，分守睢阳参将丁启光献俘阙下。

归德府伪管河同知陈奇、商丘伪知县贾士俊、柘城伪知县郭经邦、鹿邑伪知县孙澄、宁陵伪知县许承荫、考城伪知县范隽、夏邑伪知县尚国俊，献伪条记一颗，伪契六颗。

扬州乡官郑元勋民变被杀。

高杰扰害地方，抚臣黄家瑞、守道马鸣骙，听城中百姓日取河边草，兵辄伺隙杀之，兵民相构日甚。元勋往来高杰之营，从中解之，百姓疑其导之为恶。因元勋一言之误，于巡抚座上，群起而杀之，解其肢体。史可法参家瑞、鸣骙，有旨议处。父老诣阙申请，于是留任。

乙丑，马士英奏翻钦定逆案。

士英奏："原任光禄寺卿阮大铖，居山林而不忘君父，未任边疆，而实娴韬略。北信到时，臣与诸臣面商定策。大铖致书于臣及操臣刘孔昭，戒以力扫邪谋，臣甚服之。须遣官立召，暂假冠带，来京陛见，面问方略。如其不当，臣甘同罪；若堪实用，则臣部见缺右侍郎，当赦其往罪，敕部起补。"于是召对大铖。大学士高弘图，请九卿集议，不当以中旨用大铖。户科给事中罗万象奏："逆案阮大铖不由廷推，不合。会议启事之日，无不共为惊疑；

陛见之时，又无不共为窃弄。以大铖为知兵耶？《燕子笺》《春灯谜》，未便是枕上之阴符，袖中之黄石也。先帝之成令，一朝而弃之，皇上之明诏，一朝而反之，抑何以示不倍之谊乎？"户科右给事中熊汝霖奏："阮大铖先帝既已弃之，举国又复非之，即使阁臣实见得是，亦当舍己从人，况乎阴阳消长，间不容发。宁博采广搜，求异材于草泽，胡执私违众，翻铁案于刑书？"御史陈良弼、米寿图、周元泰合奏："自魏逆窃权，群小煽毒，严春秋乱贼之义，必先申其治党之法。此从逆一案，先帝所以示丹青之信也。臣何仇于大铖，正恐从此诸邪悉出，逆案尽翻，使久定之典，紊于一日，何以昭天下而垂后世也。"怀远侯常延龄奏："大铖者，一戏出之流，为阉人之干子。魏逆既诛，大铖即膏铁钺，犹有余辜，而仅禁锢终身，已高厚包容之矣。"兵部左侍郎吕大器，太仆寺少卿万元吉，给事中陈子龙，御史詹兆恒、王孙蕃、左光先皆争之，而大学士姜曰广持之尤力。士英乃奏："臣通籍三十年，安囚之变，臣家僅止存十口，臣已几死。壬申，臣备兵阳和，□兵犯宣大。及任宣抚，止五十日，被逮诏狱，锢刑部者将三年，臣又几死。从戍所起臣总督凤阳，兵仅数千，马仅数百，而革左献逆小袁等贼且数十万，臣又几死。闯陷京师，祸及先帝，臣罪应死；今无知而荐阮大铖，又当死。盖臣得罪封疆，得罪祖宗者，未必死，而得罪朋党，则必死。先帝诛薛国观、周延儒等，岂尽先帝之意哉？"大学士史可法以调停之说进曰："昨监国诏款，诸臣汇集，经臣改定。内起废一款，有'除封疆逆案计典赃私不准起用'一段，臣为去之。以国事之败坏非常，人才之汇征宜庶，未可仍执往时之例耳。后来不知何故，复入此等字面，此示人以隘，不欲以天下之才，供天下之用也。"应天府丞郭维经奏："督辅史可法雅负人望，亦有失言之过。记得四月初旬，北音正恶，督辅招臣等科道于清议堂论救时急着，首在得人，臣等各举所知，督辅执笔而记，臣等虑人众言杂，乃合词谓逆案断不可翻，督辅深明为然。言犹在耳，何其忽而易志？其曰诏款逆案一段，臣已改去，不知诸臣何故复用。夫诏书撰以史笔，定于圣裁，便无反汗。藉曰督辅去之，诸臣不宜复改，岂皇上用之，督辅又可复改之乎？况逆案成于先帝之手，岂督辅亦欲决而去之乎？今方欲修先帝《实录》，若将钦案抹杀不书，则赫赫英灵，恐有余恻，或非皇上所以待先帝；若必书之，而与今日起用之大铖事相对照，则显显令德，未免少憝，并非二辅所以待皇上也。"诚意伯刘孔昭乃为士英上言："伏读诏书，罪废各逆案，计典赃私，俱不得轻议，而置封疆失事于不言，闻当事者仍将有以用之也。此诏款之中，乃见一段门户之肺肝。朋党之祸，于斯为烈。"士英又奏："臣谓大铖非逆，非为逆案当翻。逆案诸臣，日久已登鬼箓，翻之何用？既非逆案中人，亦不与当日之事，翻之何为？与其身犯众怒，为死灰罪魄之魁，何如勉附清流，窃正人君子之庇？舍菀集枯，臣虽愚不为也。监国诏书，据阁臣史可法疏，谓'逆案等事俱抹去，而吕大器添入之'，是以戎臣而增减诏书也。"

臣按：逆阉魏忠贤既诛，其从逆者先帝定为逆案，颁行天下，逆党合谋翻之。己巳之变，冯铨用数万金导北兵至喜峰口，欲以疆场之事翻案，温体仁讦钱谦益而代之，欲以科场之事翻案。小人计无不至，毅宗讫不可。大铖利国之灾，得士英而用之，然后得志。呜呼！北兵之得入中国，自始至终，皆此案为之祟也。

丙寅，太仆寺少卿万元吉上封事：

"先皇帝大度英武，锐意振作，乃世不加治，祸乱益滋者，其故何也？则宽严之用偶偏，而任议之途太畸也。先帝初临海宇，惩逆珰用事，斫削正气，固尝委任臣工，力行宽大矣。诸臣狃之，争意见之玄黄，略绸缪之桑土。敌入郊圻，束手无策。先帝赫然震怒，一时宵壬，遂乘间抵隙，中以用严之说。

凡廷杖、告密、加派、抽练，种种新法，备经举行，使在朝者不暇救过，在野者无复聊生，然后号称振作。乃敌氛如故，寇祸弥张。十余年以来，小人用严之效，彰彰如是。先帝悔之，于是更崇宽大，悉反前规，天下以为太平可致。诸臣复乘之，竞贿赂，肆欺蒙，每趋愈下，再撄先帝之怒。谋杀方兴，宗社继没。盖诸臣之孽，每乘于先帝之宽；而先帝之严，亦每激于诸臣之玩。臣所谓宽严之用偶偏者此也。昨岁督师孙传庭，拥兵关中，识者俱以为不宜轻出，然已有逗留议之者矣。贼既渡河，臣与阁臣史可法、姜曰广云：'急撤关宁吴三桂，俾随枢辅迎击，都城始固。'既蒙先帝召对，亦曾及此，然已有蹙地议之者矣。贼势薰灼，廷臣劝南幸，劝太子监国南都，然已有邪妄议之者矣。由事后而观，咸追恨议者之误国。设事幸不败，必共服议者之守经。臣所谓任议之途太畸者此也。追原祸始，不禁酸心。仰祈皇上博览载籍，延访群工，盖崇简易推真诚之谓宽，而滥赏纵罪者非宽；辨邪正综名实之谓严，而钩距索瘢者非严。宽严得济，任议乃合。"

潞王寓杭州。

有旨约束其从人，盖士英之意，无日不在王也。

吉王薨。

谥大学士刘一燝文端，贺逢圣文忠。

戊辰，马士英密陈四事：

一圣母在郭家寨，有常守文者知之；一皇考梓宫遇难之时，藁葬不备，命安抚李际遇护送南来；一选淑女以备中宫；一防护亲藩，恐为奸宄所挟。

己巳，左懋第以应安巡抚防守上游。

辛未，户科给事中罗万象谏用阉人王肇基督饷。

命司礼随堂太监王肇基出督浙、直、闽金花、白粮等饷。万象奏："先帝正以三饷叠加而败，今中使复奉旨而出，威令严重，厨传供亿，有司必奉承争先，囹圄桁杨，生民涂炭。东南半壁，其堪再坏乎？"大学士高弘图自请督饷于外，有旨留之，于是责成抚按。

改凤阳总兵牟文绶提督京营，以东平伯刘良佐代之。

太仆寺少卿万元吉请恤阵亡将佐。

疏言："臣前护军四川，追剿献、操二贼，总兵猛如虎、参将刘士杰、游击郭关、守备猛先捷从芦州至开县二千余里，深入追杀。士杰、先捷俱死之。臣丁艰回籍，猛如虎守南阳，闻贼攻城甚急，如虎以计破之，伤贼数千。既闻他门失守，犹持短兵攻杀多贼。至唐府国门望北拜，贼刺而害之。"

癸酉，靖江王攻复州。

甲戌，贼至济宁，参将李允和败之。

　　郭贼三千骑至济宁扎营，差其下五人伪为凌兵部家人入州伏听，搜获。允和与朱继宗领兵至黄家集，杀步贼三十余，马贼不敢薄城。

起张国维为戎政尚书。

乙亥，湖广巡按御史黄澍召对，劾马士英于上前。

　　辅臣高弘图、姜曰广、马士英、王铎班殿左，公侯伯等班殿右。上传召御史黄澍来见。澍奏："臣三年守汴，蒙先帝拔置台员，湖广全陷，差臣巡按。去年九月，臣至九江，与镇臣左良玉相会。镇臣暂驻九江，不敢遽催其前往，臣单身赴楚，与监臣何志孔、抚臣王扬基招集流移。时武昌初复，城内人民，不过百余。至旧冬今春，人心始定。正月，左镇至楚，分兵四出，恢复长沙、岳州、荆州、德安等府。四月中旬，左镇率全部之兵将诣承天，臣及抚臣何腾蛟、王扬基竭力措办粮料，除犒赏外，止得本色一万余石，不足供左兵十日之粮。左镇谅臣等心力耗竭，慨然发兵。二十日以后，攻围承天，贼百计坚拒。我兵酷暑粮尽，襄阳之贼，乘机夹攻，至五月十三日，良玉恐持久变生，敕兵暂退。及臣到汉口，接枢臣史可法手书，始知先帝已殉社稷，皇上已监国南京，臣一痛几绝。二十二日，各臣会于汉口，设立先帝牌位，哭临既毕，次捧皇上令旨，叩头行礼。左镇流涕而言曰：‘杀贼复仇，本镇主之，措办钱粮，抚按主之。新主登极，本镇钱粮，未有所属，往议不可缓也。’臣慨然任之。于二十六日，自汉口起身赴都陛见，乞皇上念镇臣剿贼二十余年，身经数百战，当此天崩地裂，忠念愈坚，只以粮乏为忧。"上云："左镇忠义，朕所素鉴，粮饷自当与之。左兵若干？"澍奏："左镇食粮之兵，原额一万八千。"上顾户部，问："饷几何？"旁无应者。澍奏："每年约该饷八十余万。旧年欠额尚多，今年不知出于何所。臣所以急来议者，万一三军无食，南下索饷，臣与镇臣等一身不足惜，其如江南半壁何？"上云："该部计议速发。"澍奏："天下事势到此，臣见目前所为，还未尝为皇上做实事者，先帝止因阁部不得其人，一败涂地，况在今日！不知士英何等肺肠，弃下陵寝，居然来作阁下，翻弄朝权。分明利先帝之死，以成就自家富贵，此不忠之大者。况二陵为国家发祥之地，无故轻弃，万世而下，史臣记事，止说是皇上弃祖陵，是士英以不孝之名遗陛下也，士英只有死罪。即上念其新功，就比四镇例，封之为伯，晋之为侯，或者为其兵权可以胁主，作威作福，便裂土而王之，总宜到陵上去，不宜在朝。"士英奏："臣在陵上，劳苦多年。"澍奏："士英剿贼之官，致使贼害先帝，死有余辜，敢在上前说劳说苦？"士英奏："臣功多过少。"澍奏："何为功多？天崩地裂，草莽小民，亦有死罪在身，尔还说功！"上顾内臣云："直被黄澍说尽。"又奏："士英自为兵部以来，不见其发兵守江守城，即朝门外不过数人，而士英私宅，兵马罗列，其意欲挟兵自重。入朝便借兵威以胁皇上，出朝只假皇上威灵以诈骗各镇将。司马懿之心，人皆知之矣。"士英奏："兵部不该带兵？即史可法自淮抚入为兵部，未尝不带兵也。"澍奏："士英焉可比可法？'君子而不仁者有以夫，未有小人而仁者也。'且今日是何时候，可法又未尝将兵胁人，又未尝将兵守门。"士英奏："臣因带兵受人之语。昨吕大器尚云臣要反。"澍大声叱士英奏："反之一字，为臣子者，岂敢出之于口！士英敢于上前信口直言，其目中何尝有朝廷？无人臣礼，可谓极矣！臣料士英作反，非不为也，不能为也。"澍愤激，免冠叩头不已，云："臣今日誓不与贼臣俱生。皇上杀士英以谢祖宗，即杀臣以谢士英。"辅臣王铎、侍郎张有誉劝澍复冠。上云："澍起。"澍云："奏事未完。"上云："起来再奏。"澍立少顷，又奏："士英在寿州二年，殃民尅军，赃私何啻百万。"士英奏："臣居辇下，皇上即抄臣，果有百万，斩臣，否则斩澍。"澍奏："士英之言，奸贪之口供也。彼以九十九万，即不受斩矣。"士英奏："臣在凤阳，虽然无功，未尝失一城池。黄澍按楚，郡邑之失陷者，不知凡几。"澍奏："天威咫尺，士英尚在梦中。曾为总督，而楚中城池失陷日期，茫然不知。然则士英塘报，更无的实，以欺皇上，可知矣。"士英语塞。澍奏："自江北七府尽失，先帝始遣臣。及臣至九江，则长沙、永州、宝庆皆陷矣。士英说臣失城池，红牌说谎之罪，不容辞矣。"士英奏："澍在湖广与在家，多为不法。"澍奏："臣不法何事？即于上前奏明，以正臣罪。"上云："台臣辅臣，如此大争，非朕所愿。"澍奏："献贼兵部尚书周文江，麻城人。献贼用其计破省，文江又献下南京之策。献贼与银十万，使之招兵。左镇恢复蕲黄，文江计无复之，将金帛美

女献之士英，暗通线索。士英朦胧上奏，先帝用为
副将。"守备太监何志孔奏："别事臣不敢与闻，
若云文江则臣监视也。文江原为伪尚书，不知何故，
又为士英题用。"秉笔太监韩赞周奏："按臣言官，
与大臣争执，宜也。志孔内员，不宜在殿上与外臣
争论。"志孔云："乱臣贼子，人人得诛。当仁不让，
臣言者公也。"赞周云："毕竟不宜。"志孔乃起。
澍又奏："士英之罪，擢发难数，此特其一节耳。"
士英奏："黄澍有党，臣无党。"澍奏："先帝在日，
臣在言路极盛时，孤立不肯附人，臣何党？士英与
阮大铖乃党耳！"上云："再补疏来。"各叩头退。
澍补疏，谓："士英十可斩：凤陵一抔土，是国家
发祥之地，士英受知先帝，自宜生死以之。巧卸重任，
居然本兵。万世而下，贻皇上以弃祖宗之名，是谓
不忠，可斩。国难初定，人人办必死之志，为先帝
复仇。士英总督两年，居肥拥厚，有何劳苦？明圣
之前，动云辛勤多年，是谓骄蹇，可斩。奉命讨献，
而未尝出蕲黄一步；奉命讨闯，而未尝出寿春一步，
以致贼势猖狂，不可收拾，是谓误封疆，可斩。献
贼兵部尚书周文江之金朝以入，而参将之荐夕以上，
是谓通贼，可斩。市棍黄鼎，委署麻城。以有司之官，
娶乡宦梅之焕之女。士英利其奸邪，互相表里。黄
鼎私铸闯贼果毅将军银印，托言夺自贼手，飞报先

帝。士英蒙厚赏，黄鼎加副将。麻城士民有'假印不去，真官不来'之谣，是谓欺君，可斩。皇上中兴，人归天与，士英以为非我莫能为。金陵之人，有'若要天下平，除非杀了马士英'之谣，是谓无等，可斩。生平至污至贪，清议不齿。幸以手足圆滑，漏名逆案，其精神满腹，无日忘之。一朝得志，特荐同心逆党之阮大铖。大铖在朝为逆贼，居家为倡优。三尺之童，见其过市，辄唾骂之。士英蔑侮前朝，矫诬先帝，是谓造叛，可斩。各镇忠义自奋，皇上殊恩，士英动云由我，是谓市恩，可斩。马匹兵械，扎营私居，以防不测，以胁朝臣，是谓不道，可斩。上得罪于二祖列宗，下得罪于兆民百姓，举国欲杀，犬彘弃余。以奸邪济跋扈之私，以要君为卖国之渐，十可斩也。"

士英补疏："黄澍谓臣弃陵。臣因南中诸臣大逆不道，谋立疏藩，乃与诸镇歃血祖陵之前，勒兵江上，主持大义，何云弃陵？奉皇上睿旨，入朝面议登极大典，又何云弃陵？皇上试问黄澍，承天之陵曾否恢复？澍之此来，奉何宣召？是否弃陵在澍？为党人主使，牵引左镇以要挟皇上，为门户出力，此是年来言路常态，而奏对之间，忽出内臣睁眉怒目，发口相加，以内臣叱辱阁臣，辱大臣则辱朝廷矣。臣何颜复入纶扉之殿，何面再登司马之堂？乞皇上将臣官阶尽行削夺，或发建阳旧地，或充凤阳陵户，以快奸党之心。"有旨：何志孔以内臣谗议外廷，殊伤国体，即宜处分。而志孔者巡视湖广，与澍同来。士英终畏左镇，上疏救之乃已。

臣按：士英以四镇兵威胁诸朝臣，澍以左镇兵威胁士英，所谓诈之见诈也。向若澍无所挟，谠论如是。忠矣哉！

丙子，国子监典籍李模上言，诸将不可言定策：

"今日拥立之事，皇上不以得位为利，诸臣何敢以定策为名？甚至定策之名，加之镇将。镇将事先帝，未闻收桑榆之效，事皇上，未闻彰汗马之绩，案其实，亦在戴罪之科。予之定策，其何敢安？"

起刘宗周为左都御史。
礼部尚书顾锡畴上言，刻期进取。

疏云："守则力分，久守则力诎，盖必不支之势也。立降明诏，指日誓师。士民擒杀伪官，何以抚之？边臣拥兵，何以通之？志士退保山泽，何以奋之？陷臣乃心王室，何以归之？失今不图，使西北之民忠愤之气渐衰，而贼戢理之方渐备，然后欲图进取，为力甚难。"

丁丑，草莽孤臣刘宗周恸哭时艰，上陈四事。

疏云："痛我高皇帝以用夏变夷旋乾转坤之大业，而一旦为奸臣贼子所卖，致国破君亡，亘古未闻，普天饮恨。今日中兴大业，舍讨贼复仇，固无以表陛下前日渡江之心，而苟非陛下毅然决策亲征，亦何以作天下忠臣义士之气？一曰：据形势以规进取。江左非偏安之业，淮安、凤阳、安庆、襄阳等处，虽各立重镇，尤为重在凤阳，而驻以陛下亲征之师。一曰：重藩屏以资弹压。淮阳数百里之间，见有两节钺而不能御乱，争先南下。致淮北一块土，拱手而授之贼矣。路振飞坐守淮城，久以家眷浮舟于远地，是倡逃之实也。于是镇臣刘泽清、高杰相率有家眷寄江南之说。尤而效之，又何诛焉！按军法临阵脱逃者斩，臣谓一抚二镇罪皆可斩也。必先治抚臣不律之罪，而后可行于镇臣。一曰：慎爵赏以肃军情。无故而施之封典，徒以长以跋扈。以左帅之恢复也而封，高、刘之败逃也而亦封，又谁为不封者？武臣既封，文臣随之；外廷既封，中珰随之。臣恐天下因而解体也。一曰：核旧官以立臣纪。燕京既破，有受伪官而叛者，有受伪官而逃者，有不受伪官而逃者，有在封守而逃者，有奉使命而逃者，而于法皆在不赦。至有伪命南下，徘徊于顺逆之间，必且倡为一种曲说，以惑人心。不特伪官伪，真官亦化为伪，而天下事益不可为矣。当此国破君亡之际，普天臣子皆当致死。幸而不死，反膺升级，能无益增天谴？除滥典不宜概行外，此后一切大小铨除，暂称行在，小存臣子负罪引慝之情。诗不云乎：'天之方蹶，无然泄泄。'"初，刘泽清自附清流，及见此疏，顿足恨曰："我一生精神，直为刘念台空费。"密遣人刺之。时宗周在丹阳萧寺中，危坐终日，刺者肃然不敢加害。而马士英疑宗周意在潞王，扬言于朝曰："刘宗周请皇上驻跸凤阳者，以凤阳高墙所在，凡宗室之有罪者处之，是以皇上为罪宗也。"其私人朱统锐遂上疏劾宗周："谋出皇上于凤阳，则南都丰芑，根本所在，将拥立何人以居此乎？"

戊寅，以翊护功封千户常应俊为襄卫伯。
御史刘之渤请从祀来知德于孔庙。
吏部左侍郎吕大器罢。
己卯，吏部尚书张慎言罢。

慎言荐用旧辅吴甡、太宰郑三俊。两人者，皆为诸小人所畏。有旨召甡。是日常朝毕，勋臣群跪而前，指慎言及甡为奸邪，叱咤之声，直彻御座。户科给事中罗万象出班奏："张慎言生平具在，事出草创，或有不明，不可谓有私也。吴甡素有清望，安得指为奸邪？"诸勋臣伏地泣云："慎言举用文吏，不及武臣。"嚣然不已。万象奏："此朝廷也，体统安在？"退而诚意伯刘孔昭上疏劾慎言云："臣见其条陈内伪命一款，谓屈膝觍颜之臣，事或胁从，情非委顺。俟其归正，不必苛议。臣不胜骇愕。又见其荐举吴甡、郑三俊，更为可异。甡受命督师，逗留三月，不出国门一步。殆后遣戍，悠游里居。三俊保用侯恂，丧师蹙地，引用吴昌时，招权植党。此皆万世罪人，何居乎而荐之？慎言原有二心，当告庙决策迎立主上之时，阻难奸辩，人人咋舌，廷臣具在可质。伏乞收回召甡陛见之命，将慎言之受贿重处，以为欺君误国之戒。"卢万象上言："诸勋臣谓今日用文不用武。皇上有封者四镇矣，新改京营，又加二镇衔矣，武官布列，原未曾缺，何尝不用武臣耶？年来封疆之法，先帝独宽武臣，而武臣之效于先帝者何如乎？祖制以票拟归阁臣，参驳归言官，不闻委勋臣以纠劾也。使勋臣而司纠劾，为文臣者可胜逐哉？"大学士史可法奏："诸勋臣之不欲用甡者，诚虑甡有偏执，则国无全才，臣为甡属吏最久，有以知其不然也。即诸臣知其不可，集公廨言之，可也，具公疏争之，可也。何事痛哭喧呼，声彻殿陛？闻之骄将悍卒，不益轻朝廷而长祸乱耶？昔主辱而臣死，今主死而臣生。凡在臣工，谁能无罪？文臣固多误国，武臣岂尽矢忠？今之累累降贼者，不独文臣为然也。若各执成心，日寻水火，文既与武不和，而文之中又有与文不和者。国家朋党之祸，自此而开；人才向用之途，自此而阻。臣不愿诸臣之存此见也。"甡既不受召，慎言亦罢，扁舟不知所之。

工部尚书程注罢。

辛巳，遥加旧辅谢升上柱国少师，兼太子太保。改礼部尚书、御史卢潍工部右侍郎，黎玉田兵部尚书，俱充山陵使，往北祭告。

时闻三人建义东省。

京口兵变。

边兵于永绥等驻扎镇江，而浙中入卫之兵台区、罗木二营，分扎西门外。边兵尝言："四镇以抢杀封伯，吾等之未封者，缘不抢杀耳。"是日边兵攫小儿瓜，相持不让，伤儿颊。罗木兵旁观不平，攒殴之。边兵遂击浙兵，火居民者十余里。常镇道张调鼎檄召区兵往救，备倭李大开死之。浙兵踉跄南下，其帅持刀斫之，不能止。于是令浙兵还浙，而边兵亦调仪真。

起徐石麒为吏部尚书。

甲申，赠死难举人张履旋为御史。

履旋，冢宰张慎言之子也。

夺故辅温体仁谥。

体仁谥文忠。初，体仁得谥，徐忠襄（石麒谥）闻之笑曰："也只差一字。若谥为忠忠则可矣。"言忠于魏阉也。夺命之下，天下快之。而张捷为太宰，以险邪有玷秩宗，参顾锡畴。奉旨：故辅体仁清执端重，文忠之谥，出自先帝。顾锡畴如何以私愤议削？其原有谥荫，俱准复。

以总兵黄斌驻防京口。

御史朱国昌劾逃官山东巡抚丘祖德、山西巡抚郭景昌、漕河总督黄希宪。

以御史王燮巡抚山东，总兵丘磊镇守山东。

乙酉，户科给事中熊汝霖催四镇北渡。

181

"四镇恋恋淮扬，逼处此土，忠臣义士有所觍颜而不敢出也。原四镇之来，非止安顿家眷。今既俨然佐命矣，何不鼓行而前，收拾齐豫，恢复北都，郁然为中兴名将，与李晟、郭子仪诸人并有千古。况一镇之饷，多至六十万，势必不供。即仿古藩镇法，亦当在大河以北，开屯设府，永此带砺。曾奥窦之内，而遽以藩篱视之？"

七月丁亥朔，以刘之渤巡抚、米寿图巡按四川，范矿巡抚贵州。

戊子，命选净身男子。

谥死事旧总督卢象升忠烈。

象升号九台，南直人。崇祯十一年九月，北兵自墙子岭入，象升与阉人高起潜分任东西二路。陛见，象升主战。起潜幸其饱掠而出，托言持重。本兵杨嗣昌阴主之。于是象升力战，援绝而没。

下部恤死事甘肃巡抚林日瑞。

己丑，追复懿文太子谥曰兴宗孝康皇帝，妃曰孝康皇后。追上建文君谥曰嗣天章道诚懿渊功观文扬武克仁笃孝让皇帝，庙号惠宗。后马氏谥曰孝愍温贞明睿肃烈襄天弼圣让皇后。景皇帝谥曰符天建道恭仁康定隆文布武显德崇孝景皇帝，庙号代宗。后汪氏谥曰孝渊肃懿贞惠安和辅天恭圣景皇后。

辛卯，以总兵金声桓驻防淮扬。

加北使左懋第兵部右侍郎兼右佥都御史，马绍愉太仆少卿，兵部职方司郎中陈洪范太子太傅。

　　洪范、绍愉，故尝为罪枢陈新甲款北。懋第巡抚应安，闻母变，乞同洪范北去，访母骸骨。因而命之。

壬辰，皇太后至自民间。

　　太后张氏，非恭皇之元配也。年与帝相等，遭贼失散，流转郭家寨常守文家，马士英遣人迎之至。其后士英挟之至浙，不知所终。或言帝之不早立中宫，而选立民间不已者，太后之故也。

癸巳，赠名臣叶盛吏部尚书，荫罗钦顺一子。

妄人蒋玄上书，自称宜兴硕儒。

御史黄澍请恤长沙推官蔡道宪、钟祥知县萧汉、留守都司沈寿崇、下江防道许文岐。

　　贼陷长沙，抚臣以下皆窜。道宪挺立被执。降之，不屈。又命降将尹先民说之，道宪骂贼三日夜不绝口。贼怒甚，寸磔之。头颈锯断，两瞳子炯炯不瞑。汉，字象石，南丰人，丁丑进士。任满而闻襄藩陷，自请留任以护陵土。壬午冬，贼围钟祥，汉率众死守。明年元旦城破，贼执之，锁于吉祥寺中。汉书"夷齐死后君臣薄，力为君王固首阳"两语于壁。用剃发刀自刎，血正注字上。寿崇，宣城人，以诖误为巡按李振声所参，杜门候旨。闻贼入城，冠带望北叩首，坐堂上，贼刃之。文岐为贼所执，求死不得。从贼之众，多黄麻间人，文岐识之。密约反正，以柳圈为号。谋泄，贼缚文岐斩之。临刑叹曰："吾所以旦夕不死者，不欲徒死耳！死固分也！"

甲午，谥故辅文震孟文肃，少宗伯罗喻义文介，宫詹姚希孟文毅，大司马吕维祺忠节。

辛丑，万寿节。

癸卯，淮扬巡按王燮报皇太子，永、定二王皆没。

天下人心皆系先帝之后，曰："吾君之子也。"马士英密令燮伪上此报，以绝人望。观后皇太子之来，则燮之肉其足食乎！

谥王燫忠愍，蔡懋德忠襄。

懋德字云怡，苏州人也，巡抚山西。闻贼渡河，太原陷，懋德死之，而贼遂薄都城矣。后有责备之者，有旨："太原无十日之守，岂有粮尽援绝之事，社稷丘墟，一死何足塞责？"

乙巳，削故辅温体仁、薛国观、周延儒爵。
夺罪抚熊文灿官。

文灿在福建，曾抚郑芝龙以灭刘香。及巡抚湖广，欲以故智抚张献忠，遂成滔天之祸。

丁未，补开国武臣谥，傅友德武靖，冯胜武壮。
辛亥，降贼阁臣丘瑜伪死，遣其子上书。
下部恤死难翰林简讨马刚中。

刚中，河南人，以乡官守城死。

丙辰，马士英使其私人朱统䥢参大学士姜曰广。

曰广与士英同官，不稍借以辞色，士英恨之。有宗室统䥢者，希得一官，愿为士英出力。第一疏谓："曰广谋立疏藩。"第二疏列曰广五大罪：一蒙蔽。引用东林死党郑三俊、吴甡、房可壮、孙晋把持朝政；以刘士贞为通政，阻遏章奏；以王重为文选，广植私人。二篡逆。令杨廷麟出强盗于南康狱，勾连江湖大侠与水营奸弁，窥探南都声息，非谋劫迁，则谋别戴。三庇从逆诸臣。四受贿。五奸媳。吏科熊开元奏：“礼义廉耻四字，陵夷至今日荡然尽矣。犹赖士大夫稍知学问者画地而蹈，毅然独行。不能裨益邦家，庶可仪型族党。如曰广者，诚亦其人，而今竟欲以狗彘之行，加孤洁之身，取秽亵之言，渎君父之听。”户科熊汝霖奏：“辅臣曰广，海内钦其正直，皇上鉴其忠诚。幺麽小臣，为谁驱除，为谁指使，上章不由通政，结纳当在何途？内外交通，神丛互借。飞章告变，墨敕斜封，端自此始。先帝笃念宗藩，而闻寇先逃，谁死社稷？保举换授，尽是殃民。先帝隆重武臣，而死绥敌忾，十无一二。叛降跋扈，肩背相望。先帝委任勋臣，而官舍选练，一任饱飏。京营锐卒，徒为寇藉。先帝简任内臣，而小忠小信，原无足取。开门迎敌，且噪传闻。所谓前事不远，后事之师也。”

设东厂。

大学士高弘图奏：“人心易扰，当镇之以安静。”户科给事中熊汝霖奏：“厂卫之害，小人借以树威，因以牟利。人人可为叛逆，事事可作营求。缙绅惨祸，所不必言；小民鸡犬，亦无宁日。先帝十七年忧勤，曾无失德，而一旦受此奇祸。止有厂卫一节，未免府怨臣民。今日缔造之初，调护尚难，况可便行摧折？"苏松巡抚祁彪佳、御史朱国昌皆争之。

卷　二

八月丙辰朔，日有食之。

戊午，以张有誉为户部尚书。

以杨鹗总督川、湖、云、贵、广西军务。

兵科给事中陈子龙荐举涂仲吉、祝渊。

　　仲吉，江右人，上书为黄道周颂冤入狱。渊，海宁人。刘宗周去国，渊上书被逮。北都陷，出狱。以其友吴麟徵之来，至南都投到。子龙以台谏荐之。有旨："涂仲吉、祝渊何功于国，优以台谏？俱不准行。"

吏科都给事中章正纯谏中旨。

庚申，史可法加少保，兼太子太保，进武英殿大学士，兵部尚书，荫一子锦衣卫指挥佥事，世袭。马士英加太子太师，进武英殿大学士，兵部尚书；高弘图加太子少师，进文渊阁大学士，礼部尚书；王铎加太子少师，进文渊阁大学士，户部尚书，各荫一子中书舍人。

甲子，命惠王住广信。

辛未，福建巡抚张肯堂遣兵入卫。

有旨："命王应华、揭重熙领兵来前。"

左都御史刘宗周上台员从贼姓名：

"率先从逆，用事日久，罪在上等者，喻上猷。其次则仕京而伪命有据者，裴希度、卫贞固、陈羽白、涂必泓、蔡鹏霄、柳寅东、张鸣骏、熊世懿。伪命无据，或拷或逃者，陈昌言、冯垣登、周亮工、刘令尹、朱朗镜、金毓峒、魏琯、李植、吴邦臣、张茂爵、伦之楷、赵撰、汪承诏、郑其勋。在差而逃者，河南苏京、山东余日新、长芦向北、巡仓徐养心、巡漕沈向、巡盐杨仁愿。或死或逃或叛，尚无下落者，真定刘显章、宣大杨尔铭、山西汪宗友、甘肃傅景星、河东成友谦、茶马徐一伦，陕西黄耳鼎。"而耳鼎为马士英私人，方藉以搏击。于是上章力辩，谓此案不可据。有旨："从逆何事，妄以加人！"其后李沾重定七款，一曰从逆必诛：伪吏政喻上猷，伪庶常裴希度，伪防御陈羽白、张鸣骏，伪巡城涂必泓、张茂爵。其次传闻从贼未有的据者：熊世懿、柳寅东、蔡鹏霄、吴邦臣、卫贞固、徐一伦。一曰误参宜辩：杨仁愿、李植、魏琯。一曰惨死宜恤：

冯垣登削发触贼怒，夹死；俞志虞为土贼所杀；陈昌言、赵㧑夹死。一曰差满可原：成友谦、汪宗友、杨余铭、余日新。一曰路阻宜留：傅景星、黄耳鼎、徐养心、向北、刘显章。一曰未任宜录：周亮工、刘令尹、朱朗鋂，皆御贼全城，行取提授，遇变潜身。一曰弃官宜宥：江承诏、郑其勋、金毓峒，不污伪命而逃。

壬申，营建西宫以奉太后。

东阳复乱，寻讨平之。

癸酉，马士英以其姻越其杰总督河南。

以樊一蘅总督川陕。

四川总兵赵光远降贼。

兵科给事中陈子龙自练水师入卫，以职方司主事何刚统之。

先是，贼逼京畿，子龙与长乐知县夏允彝、主事何刚欲联络海舟直达津门。因倡义募练水师，得二千人，而子龙由是为士英所忌。

甲戌，改兵部主事凌駉巡按山东御史。

四镇参大学士姜曰广、左都御史刘宗周。

曰广奏："迎立圣躬，花押在簿，祭庙撰文，监国草诏，墨迹未干。镇臣身不与事，岂得而悉之乎？臣在先朝，丙子回籍，壬午补官南都，旧岁腊月始来抵任。今追误国，一切握兵者不问，柄政者不问，独悬坐山中一书生，臣不服也。梃击一案，臣昨察国史，系乙卯五月，其时臣尚为诸生，臣之丁仕版，在皇祖己未年也。会议红丸，属熹庙壬戌五月事，臣时先以辛酉五月庶常给假归籍矣。履历年月，可覆而按也。两案之事，与臣无与。今俱无据牵合，臣不受也。"

己卯，旧辅王应熊倡义蜀中，以阁衔改兵部尚书，总督川、湖、云、贵。赐尚方剑。

马士英使其私人朱统𨰥参礼部郎中周镳、武德兵备道雷縯祚，逮之。

士英奏："科臣光时亨力阻先帝南迁之议，而身先从贼。龚鼎孳降贼后，每见人则曰：'我固欲死，小妾不肯。'小妾者，为科臣时所娶秦淮娼妇顾媚也。他如陈名夏、项煜等，不可枚举。台省辞纠弹，司寇不行法，臣窃疑焉。又大逆之尤者，如庶吉士周钟劝进未已，上书于贼，劝其早定江南。又差家人寄书二封其子：一封则言尽节死难，一封则称贼为新主，盛夸其英武仁明及恩遇之隆，以摇惑东南。昨臣病中，东镇刘泽清诵其劝进表一联：'比尧舜而多武功，方汤武而无惭德。'又闻其过先帝梓宫之前，洋洋得意，竟不下马。微臣闻之，不胜发指。其伯父周应秋、周维持，皆为魏忠贤门下走狗，本犯复为闯贼忠臣。枭獍聚于一门，逆恶钟于两世。按律：谋危社稷者，谓之谋反。大逆不道，宜加赤族之诛，以为臣子之戒。今其胞弟周铨，尚厕衣冠之列；其堂弟周镳，俨然寅清之署。均当从坐，以清逆党。"

臣按：士英此疏为杀周镳张本也，故与朱统鑑之疏先后上。士英既翻逆案，欲立从贼一案，与之为对。其言曰："今之稽首从贼，身污伪命者，皆昔之号正人君子者也。"而以周钟为首者，以复社诸人尝号于人曰："吾辈嗣东林而起。"不知复社不过场屋余习，与东林何与哉？礼科袁恺奏："枢辅之言，诚无深意。然恐险人乘间，阳为正人口实，阴为逆案解嘲。甚且借今日讨贼之微词，为异日翻逆之转语，不至于坏国事而倾善类不已。夫枢辅所称号为正人君子者，非所指光时亨、龚鼎孳、陈名夏、周钟、项煜其人乎？时亨、鼎孳班行未久，建白自喜，其究竟为正人君子与否，未有定论也。名夏与钟，雕虫小技，故未尝有正人君子之目。若项煜者，逆珰余孽，自知公论不容，改头换面，求附清流，君子鄙之。若居恒既负正人君子之称，临难又著捐躯慷慨之节，臣所闻倪元璐、李邦华、范景文、施邦耀、凌义渠、马士奇、吴麟徵、吴甘来、成德、金铉诸人，天下方以是信正人之不虚，嘉君子之足藉，顾独举一二偷息之游魂，疑两间充塞之正气，臣窃不甘为君子受也。臣就以钟事论之，其罪亦不过随例从贼耳。举朝从贼，而独归重一新进之庶吉士，又何其视钟太高也？至于士英疏中之言，则为其乡人徐时霖所造。初，钟与其从兄镳以门弟子相高，汲引既广，败类入焉。两家遂分门户，彼讪此谤。两家弟子相遇于道，不交一揖。镳之门人，以徐时霖为魁。北都变后，时霖利钟之败，造为恶言，用相传播。而镳者阮大铖贸首之仇也。大铖欲杀镳而不得，遂以钟事中镳，是故时霖为镳而啮钟，反因钟以害镳。大铖无心于杀钟，反因镳以累钟。事之不可知如斯也！钟之就逮，臣遇之句容道中，诸臣欲辩其诬。臣曰："子之诬，辩之于君子易明也。今欲杀子者岂君子乎？"钟曰："士英不欲杀某也，某之兄弟与士英有故。士英之母知士英之欲杀某也，不食者数日，必不使其杀某也。"臣曰："其可哉！"岂知士英之爱母，竟不如其爱大铖也？雷縯祚母忧家居，定策之际，倡言福王不孝，不宜主鬯。士英欲以此两加之史可法者，不得不试之纁祚耳！

赠吴三桂之父勋辽国公，谥忠壮。
庚辰，皇太后谕选中宫。
辛巳，起罪官王永吉总督山东。

永吉以蓟辽总督坐视神京之陷，觍颜于世，犹可谓之才乎？当其巡抚山东，一时颇有虚名。癸未，臣在刘宗周之座，徐石麒有书盛称永吉。宗周谓臣曰："虞求失人矣。"由今视之，不能不服宗周之先见也。

癸未，以皇太后至，加史可法少傅，兼太子太傅；马士英少保，兼太子太师；高弘图、姜曰广、王铎俱太子太保。
谥死事巡按湖广御史刘熙祚忠毅。

熙祚，武进人，崇祯辛未进士。献贼破永州，被执。十六年九月二十七日，殉节于永阳。赋诗二章，题于署中。诗云："倥偬军旅已逾年，家室迢遥久别颜。南北骷髅已作垒，湖湘宫殿倏成烟。鹃血不成无冢骨，乌啼偏集有狐田。死生迟速皆前定，坚此丹心映楚天！""故园隔别已经年，今颜非复旧时颜。山川草木俱含泪，貔虎旌旗尽作烟。老妇漫劳寻蝶梦，儿孙切莫种书田。苌弘化碧非豪事，留此孤忠向九天！"

恤北变死节诸臣，正祀文臣二十四人：范景文赠太傅，谥文贞；倪元璐赠太保，谥文正；李邦华赠太保，谥文忠；王家彦赠太子少保，谥忠端；孟兆祥赠刑部尚书，谥忠贞；施邦耀赠左都御史，谥忠介；凌义渠赠刑部尚书，谥忠靖；周凤翔赠礼部左侍郎，谥文节；马世奇赠礼部右侍郎，谥文忠；刘理顺赠正詹事，谥文正；汪伟赠少詹，谥文烈；申嘉胤赠太仆寺少卿，谥节愍；吴麟徵赠侍郎，谥忠节；吴甘来赠太常寺卿，谥忠节；王章赠大理寺卿，谥忠烈；陈良谟赠太仆寺少卿，谥恭愍；陈纯德赠太仆寺少卿，谥恭节；许直赠太仆寺卿，谥忠节；成德赠大理寺卿，谥忠毅；金铉赠太仆寺少卿，谥忠节；卫景瑗赠兵部尚书，谥忠毅；朱之冯赠右都御史，谥忠壮；生员许琰赠五经博士；布衣汤文琼赠中书舍人。正祀武臣七人：刘文炳赠太师恒国公，谥忠壮；张庆臻赠太师惠安侯，谥忠武；李国祯赠太子太师襄城侯，谥忠武；刘文耀赠太保，谥忠果；巩永固赠少师，谥贞愍；周遇吉赠太保，谥忠武；吴勲赠辽国公，谥忠壮。正祀内臣一人：王承恩谥忠愍。正祀女子九人：成德母张氏赠淑人；金铉母章氏赠恭人；汪伟妻耿氏赠恭人；马世奇妾朱氏、李氏赠孺人；刘理顺妻万氏，妾李氏，赠淑人；陈良谟妾时氏赠孺人；吴勥妻祖氏赠夫人。附祀文臣七人：孟章明赠河南道御史，徐有声、顾铉、彭琯、俞志虞俱赠太仆寺少卿，徐标赠兵部尚书，朱廷焕赠右副都御史，俱谥节愍。附祀武臣十五人：顾肇迹、杨崇猷、薛濂、徐锡登、郭培民、宋裕德、邓文明、朱时春、朱纯臣、孙维蕃、吴道周、王先通、张光灿、方履泰、李国禄，各晋爵一级。内员六人：李凤翔、王之心、高时明、褚宪章、方正化、张国元。

范景文号质公，北直吴桥人，万历癸丑进士。天启五年，任吏部考功司郎中。时魏广微以宦者宗人入相，书台省黄忠端、李应升、周宗建等八人姓名，授太宰使谪之，曰："此八司马故事也。"景文争曰："八人何罪？"广微曰："党人。"景文曰："此杀人媚人之事，非景文所能也。"于是引疾归。崇祯十四年，累迁至南京兵部尚书。又二年，进东阁大学士。贼至，景文忧愤不食，城陷自缢，家人救之，复赋诗二首，冠带投井。

倪元璐，字玉汝，上虞人，天启壬戌进士，选入为庶常。散馆时，上虞有两庶吉士，其一陈维新，例补一人于外，而元璐有文名。维新乃以其再娶事诘之，臣父黄忠端持不可，乃已。魏忠贤败，其余党杨维垣等犹持三案之说，以诎君子。元璐奏："《要典》为魏氏之私书，请毁之。"毅宗曰："可。"于是小人侧目。诚意伯刘孔昭复讦其再娶之事，遂归。已而起户、礼两部尚书，兼翰林院学士。彰仪门失守，有诏召入，密语移时而出。城陷，元璐绯衣南北拜，至关壮缪像前，酌酒酹之，讫而自酹。出坐堂上，书其几曰："宗社至此，死当委我沟壑，以志其痛。"自经于坐。当议谥之时，刘宗周欲以文忠谥之，而元璐之弟元瓒必得文正为荣，孔昭复猇猇不已。嗟乎！孔昭固小人之论，然不如文忠之于元璐宜也。

王家彦，号同五，莆田人也。协理戎政兵部右侍郎。闻贼围城，家彦以京营兵守安定门。贼入，家彦欲战，而士卒无应者。乃望阙叩头哭曰："臣无以报皇上矣！"从城上掷身而下，手足俱折。家人扶入民舍，家彦解带自缢。带断不死，复缢乃绝。或曰守德胜门，贼入，持刀胁之。不肯降，见杀。

李邦华，号懋明，吉水人也，为物望所归。天启间，江右士人借阉人以报复。时邦华在外，臣父黄忠端叹曰："使李懋明而在，江右之祸不至此！"崇祯末，起为左都御史。城破，大书于门版曰："堂堂丈夫，圣贤为徒。忠孝大节，矢死靡他。"自经死。

孟兆祥，号肖形，山西泽州人，壬戌进士。以忤阉削籍。起历刑部右侍郎，自缢于公署。或曰守正阳门，贼至，死城下。子章明，字显之，癸未进士，从死。

施邦耀，号四明，余姚人也。己未进士，左副都御史。邦耀城守，贼入，道梗不得还寓，入民舍自缢。居民恐累之，解其悬，入他舍又缢，他舍民又解之。邦耀取砒投烧酒饮之，乃死。绝命诗曰："惭无半策匡时难，惟有一死报君恩！"当邦耀求死不得时，叹曰："忠臣固不易做！"

凌义渠，字骏甫，乌程人，乙丑进士，大理寺卿。三月十九日昧爽，闻召对，趋长安门拱立待旦。门不启，乃还。有传毅宗出奔者，义渠往从之。已闻升遐，归寓上书其父。谓家人曰："吾死，题棺前死节孤臣凌义渠之枢。"绯衣而缢。

吴麟徵，号磊斋，海盐人。天启壬戌榜下，梦入神祠中，一人伛而书碑，视之，乃文文山"山河破碎""身世浮沉"之句。问其人，曰："隐士刘宗周。"觉而报榜者适至。当是时，麟徵故不识刘宗周。有言此山阴讲学刘先生也。宗周在仪曹，麟徵遂北面为弟子。崇祯十六年，转刑科都给事中。明年三月初七日，升太常少卿。十五日，守西直门。十七日夜，本兵张缙彦遣二卒欲出，麟徵诘之，语塞而去。明日，麟徵欲见上言事。漏下二鼓，吏部侍郎沈惟炳讥禁行者，麟徵不顾，遇大学士魏藻德于朝。藻德曰："公何惶遽如是耶？国家如天之福，岂有他虞！"宦者数十人佩刀离立殿陛间，麟徵度不得见，乃出。十九日，德胜门破，麟徵自经。从者解之，麟徵曰："得一见天子而死，未为晚也。"出门，贼兵载道，不得前，乃入道左三元祠，仰视屋梁曰："吾终此矣！"从者皆哭。夜半又自经，从者又解之。麟徵曰："误我误我！"已而其友祝渊至，渊涕泣不能仰视。麟徵叹曰："子亦忆我榜下之梦乎？是命也夫！是命也夫！而又奚悲！"明日缢，乃死。南都初立，刘宗周为左都御史，臣之友陆符曰："吴忠节之梦，业身验之矣。御史大夫免乎哉！"臣曰："请御史大夫志忠节之墓，以禳之可乎？"于是宗周遂为麟徵墓表，乃宗周终殉国难，是命也夫！是命也夫！

周凤翔，号巢轩，山阴人，戊辰进士，左春坊左庶子。自经死。父母俱在，遗诗有"碧血九天依圣主，白头双老恋忠魂"之句。

马世奇，字君常，无锡人，左春坊左谕德。毅宗崩，次日，世奇沐浴更衣，设香案于庭，杂陈《周易》《金刚经》、官印、牙牌其上。稽首谢恩，复遥拜其母。家人环泣曰："太安人在，未可死！"世奇曰："正恐留此身为太安人玷耳！"以纱帨自经，二妾朱氏、李氏从死。大书于壁云："马世奇同二妾殉节于此！"

刘理顺，号湛六，开封杞县人，左春坊左中允。城陷，趣命治棺。妻万氏，妾李氏，愿及公之未瞑而死，皆缢。理顺视其既绝，拜之。自为赞曰："成仁取义，孔孟所传。文信践之，吾何不然？既掇巍科，岂可苟全？三忠祠内，不愧前贤！"已而自缢。幞头平脚碍环不得入，乃脱平脚口衔之。引颈入环，然后取平脚施于幞头而卒。

汪伟，字长源，休宁人，翰林院简讨。贼犯三辅，伟流泪谓客曰："国事去矣！"客令乞归以免，伟曰："伟既言之，曷敢逃死！"三月十八日，呼门者以六岁儿授之，曰："城破，我当死，以是儿累汝。"门者泣诺而去。明日，伟与妻耿氏同缢，书其壁曰："身不可辱，志不可降。夫妻同死，节义成双。"伟悬于右，耿氏悬于左。耿氏曰："左右失序，不可。"改悬而没。

申佳胤，字井眉，广平永年人，太仆寺丞。贼势渐逼，朝臣多借事引去。胤行部畿县，或劝之不返。胤曰："天下事坏于贪生畏死。死于疾，死于利，死于刑戮，死于房帏争斗，均死也。数者宁死不惜，遇君父大节，缩首垂泪求免。此真不善用死矣！"三月十二日入都，十八日戒严，为其子煜行冠礼。

闻毅宗崩，出至王公厂，遇井投之。仆号其上，佳胤井中应曰："归慰太安人，君亡与亡，有予作忠臣，勿过恸也！"

吴甘来，字和受，江西新昌人，户科都给事中。与汪伟约死，绝命诗有"到底谁遗四海忧"之句。

王章，字濮臣，武进人也，陕西道御史。与光时亨守城，贼入，章犹亲发二矢伤贼。已而九门炮声俱寂，章谓时亨曰："事急矣！其归死于帝所。"时亨欲易青衣，章曰："不可。苟易冠裳，仓猝得死，官不官，卒不卒矣。"章与时亨联骑而行。贼掩至，呵道，时亨下马，章曰："视兵御史，孰敢叱之！"贼攒刃而去。日暮，家人得尸于女墙下。怒目张口，一手据地，疑以为生也。章尝读书陈司徒庙中，梦与司徒分庭而揖。司徒曰："忠孝吾与公等。"司徒故尝以武功谥烈者。

陈良谟，号宾日，鄞人，四川道御史。崇祯十一年，臣父黄忠端易名之典久稽，良谟独上章言之。城陷，赋诗曰："中天悬日月，四海所毕熠。倏而阴霾昏，日月失常道。仰观我明明，薄蚀一时变。"书至此，忽飚风袭牖，乃续云："电风自南来，光复天心见。大夫百执事，其谁忘明君？愧余沉疴久，床第淹数旬。背城孰尽瘁？巷战杳无声。如何社稷灵，憪尔顺民形。载舟亦覆舟，古今同一辙。

顺民即逆民，参观非一日。苍苍不可问，国亡吾何存？誓守不二心，一死报君恩！大明监察御史陈良谟书于贼陷北京之日。"妾时氏请同死。时氏腕弱，结绳不能急，良谟助之。时氏气绝，良谟腕力亦尽，不能自结，乃命其家人结之，曰："所以成吾美也！"

陈纯德，号澹玄，零陵人，福建道御史。督学顺天，行部至遵化，道梗，乃返京师自经。

许直，字若鲁，如皋人也，考功司员外郎。传闻天子从齐化门出奔，直往从之。贼兵塞路，乃归而觅死。家人以父在阻之，直曰："曩父寓书于直，云：'无忝厥职，便是孝子。'天下有君死臣生谓之无忝者乎？然则今日之死，父命之矣！"于是叩头君父。作绝命诗，使奴入室取绳环之。奴手战不能直，直挥之，自缢。

成德，字玄升，山西霍州人，辛未进士，知滋阳县事。尚气好陵权贵。文震孟入相，道中不受郡县私谒，过某县独见成德，德亦无所推让。搤腕而谈，臧否人物，取其姓名甲乙之，震孟遂书其甲乙者以入。时温体仁当国，凡由体仁而进者，皆德之所乙。体仁知之，以事中德下狱。德母张氏日诣长安门，朝官出入，涕泣诉之。会体仁出朝，张氏攘臂索体仁下车，挽须而呵问之。体仁惶急不得脱，乃谢去。天子亦知德无他罪，赦之。起为武库郎中。李贼围城，德谓马世奇曰："主忧臣辱，主辱臣死。吾等不能匡救，贻祸至此，惟有一死耳！豫订斯盟，毋忘息壤。"城破，张氏自缢，德妻及妹皆从死。德乃持只鸡盂酒，如东华门临哭帝丧，触阶死丧之旁。

金铉字伯玉，家于辇下，以谏黄道周狱被杖。起兵部主事，巡视皇城。贼入，母章氏自缢，铉入紫禁城投御河死。

卫景瑷，陕西韩城人，巡抚大同。城破，执之。不屈，被磔。

朱之冯号勉斋，徐州人，巡抚宣府。城破，不屈，被磔。

许琰，字玉重，长洲诸生也。闻北变，自缢于福济观。道士解之，又投胥江。会潞王泊舟，使人出之，终以呕血卒。

汤文琼，世居都下。城陷，自经，书其衣带云："位非文丞相之位，心存文丞相之心。"

新乐侯刘文炳、右都督刘文曜，任丘人，毅宗皇太后之侄也。贼入，文炳曰："为国世臣，岂可学卑门偷活？"阖室死于水火，而藏其祖母瀛国夫人（生皇太后者）于其客申湛然。湛然以爨婢畜之。贼从湛然求瀛国，榜笞数百，以碾石压之，至死不言瀛国所在。

张庆臻，仁宗昭皇后之外戚也。自缢。

　　李国祯，字朝瑞，总督京营。先破城之四日，国祯走马见上曰："守陴者不用命，执扑以挟之，一人起，一人复卧，可奈何！"二十一日，贼得国祯，国祯因言三事：一陵寝不可废，二葬大行以天子之礼，三善护皇太子诸王。当是时，帝后皆敛以柳棺，始命以梓宫易之。四月初二日，为先帝发丧，百官莫临，国祯徒跣执绋，送于田妃园，空而缢。

　　巩永固字弘图，尚光宗公主，以驸马都尉加少保。喜文学。尝上疏为逊国诸臣请谥。崇祯十六年，公主卒。城陷，柩犹在堂。永固驱诸女入，闭而焚之。大书："世受国恩，身不可辱"八字，然后自缢。

　　周遇吉，宁武总兵官。副将熊通以二千人遏贼河上，贼渡而通降。通即为贼说遇吉，遇吉斩之。二月十三日，贼围宁武，遇吉出城杀贼过当，又伏兵巷内，开门诱贼入而杀之。贼愤甚，悉力攻之。城陷，为贼所磔。其妻刘氏登墉射贼，箭无虚发。贼围火烧之，无一人出者。贼至北京，每摇手谓人曰："汝朝若再有一周总兵，吾辈安能到此？"

　　王承恩，太监也。贼以芦席覆帝丧于东华门外，承恩见贼痛哭争之。时本兵张缙彦在侧，承恩骂之曰："汝误国至此！不思速殡大行，而儳身劝进乎？"缙彦曰："何与我事。"承恩连批其颊，以头触之，遇害。

　　王之心，大兴人，司礼监太监。毅宗缢煤山树上，之心即于绳尾从死。

按：毅宗为社稷而死，其于晋宋蒙尘之耻，可谓一洒矣！当是时乃不召群臣俱入，而与内侍自经，尽美未尽善也。

徐有声，字闻复，江宁人，户部郎中。

顾铉，兵科给事中。

彭琯，工科给事中。

俞志虞，御史，为土贼所杀。

徐标，真定巡抚。知府方茂华闻贼警，豫出其家属，标下茂华于狱。其叛将劫标至城外杀之，出茂华而降贼。

朱廷焕，大名兵备副使。贼传檄入城，廷焕碎之。三月初四日，城破被杀。

吏科都给事中章正宸谏起张捷。

张捷，丹阳人，故逆党也。魏国公徐弘基以疏起之，使佐铨政。有旨："解学龙荐叶廷秀，以主事批升都察院堂上官，群臣寂无一言。今批用张捷，便有议论，是何情故？"

乙酉，封郑芝龙为南安伯。
起逆案阮大铖为添注兵部右侍郎。

　　大铖陛见以后，争者不止，亦遂迟留。至此而假安远侯柳祚昌之疏起用。职方司郎中尹民兴奏："崔魏之潜移国祚，何殊逆闯之流毒京华？在此不诛，在彼为用。则凡不忠不孝者，皆得连苞引蘖，移乱天子之庭，是育蛇虺于室中，而乳豺狼于春圃。臣切切知其不可也。申罪讨逆，司马职也。逆莫大于党乱，罪莫大乎无君，抗颜堂上者，一当年助逆之人，即行檄四方，何以折服群贼之心，而销弭跋扈将军之气？古者破格求材，虽曰使贪使诈，不闻使逆。逆案可翻，崔魏亦可恤，闯贼亦可封，人亦何惮而不为乱臣贼子哉？"左都御史刘宗周奏："大铖进退，关系江左兴衰。"有旨："是否确论？年来国家破坏，是谁所致？而独责一大铖也！"

九月戊子，黄蜚改防江上。
补谥辽阳阵亡总兵杜嵩武壮。
庚寅，黄得功、高杰相攻。

　　杰请于督辅，欲将家眷安寓扬州。得功发牌争执，谓扬州督辅驻节，非诸镇宜居，以数百骑疾趋扬州。杰即发兵邀得功于路，又出奇师以袭仪真。史可法、万元吉与阉人卢九德百计解息，然后已。

郑鸿逵改防采石。

癸巳，叙江北劳。马士英加少傅，进建极殿大学士，卢九德加一级，各荫锦衣卫指挥佥事，世袭一人；黄得功、刘良佐，各加一级，荫一子锦衣卫千户世袭；丁启濬免充为事官，加升一级，荫一子入监读书；史可法加少师；越其杰加兵部右侍郎。

左都御史刘宗周罢。

大学士姜曰广罢。

    曰广辞疏云："臣闻王者奉三无私以治天下，故爵人于朝，与众共之。祖宗会推之典，所以行之万世无弊也。昨者翻逆案之举，导内传而废会推，此尤不可之大者也。夫斜封墨敕，口敕处分，种种覆辙，载在史册，可覆视也。臣观先帝之善政虽多，而以坚持逆案为盛善。先帝之害政亦间出，而以频出中旨为乱阶。用阁臣，内传矣；用部臣、勋臣，内传矣；选大将、选言官，内传矣。他无足数，论其尤者：所得阁臣，则贪淫巧滑之周延儒，逢君殃民奸险刻毒之温体仁、杨嗣昌，偷生从贼之魏藻德也；其所得部臣，则阴邪贪狡之王永吉、陈新甲也；其所得勋臣，则力阻南迁尽撤守御，稚狂之李国祯也；其所得大将，则纨袴支离之王朴、倪宠辈也；其所得言官，则贪横无赖之史堃、陈启新也。凡此皆力排众议、简自中旨者也，于其后效亦可睹矣。皇上亦知内传之故乎？总缘鄙夫热心仕进，一见摈于公论，遂乞哀于内廷。既在内廷，岂详外事？但见其可怜之状，听其一面之词，遂不能无耸动者。而外廷口持清议之人，亦有贪婪败伦之事，授之口实，得以反唇。而内廷遂以为攻之者尽皆如是也。间以其事密闻于上，又候上之意旨从而授之。于是创一秘方，但求面试。至于平台一对，演习旧文之中窍，膏唇溜舌之投机。立谈取官，同登场之戏剧；下殿得意，类赢胜之贩夫。小人何知，求胜而已。阴夺会推之柄，阳避中旨之名。臣昔痛心此弊，亦于讲义敷陈。但以未及扬言，至今犹存隐恨。先帝既误，皇上岂堪再误哉？孟子曰：'人不足与适也，政不足与间也。'《易》曰：'正其本，万事理。'天威在上，密勿深严，臣安得事事而争之？但愿皇上深宫有暇时，取《大学衍义》《资治通鉴》视之。周宣、汉光武，何以复还前烈？晋元、宋高，何以终狃偏安？武侯之出师征蛮，何惓惓于亲君子远小人之说？李纲之受命御房，亦何切切以信君子勿比小人为言？反复思维，必能发圣心之天明，破邪说于先觉。夫然后耻可得而洗，中兴可得而期也。皇上与其用臣之身，不若行臣之言，不行其言而但用其身，是犹兽畜之以供人之刀俎也。臣待罪纶扉，仰体圣眷，意主和衷，事从退让。然而朝廷未肃，风俗未改。兵民之疑惑未解，江河之备御仍疏。人望未孚，贪风渐长。兼以北方近事，驱虎进狼，半壁东南，仍同幕燕。愧死无地，终夜扪膺，而嗤责臣者固已至矣。昨日江南一门人面告微臣蒙恩简用，田夫传闻，举手相庆。今既一月，未见新恩，大失所望。臣略引道前疏，门人变色不语。又原任吏垣熊开元亦出臣门，以近日用人少失，□□盛讥。督辅忠勤王家，臣所心折。亦以未停逆案，遂为臣乡台臣郭维经所纠。皇上即此数事观之，臣若依违苟且，容头过身，则操戈向臣者，何必不在臣门乡哉？有党无党，自无逃于明炤，而臣之处此则良苦矣。苟好尽言，终蹈不测之祸；聊取充位，又来鲜耻之议。臣今诚病，郁郁居此，虣虣其来。但恐求病而死，又岂可得哉？"

革巡按湖广御史黄澍职。

辛丑，补谥殉国文臣七十五人：翰林侍讲方孝孺文正，翰林修撰王叔英文忠；修撰王艮文节；户部侍郎卓敬忠贞；礼部尚书陈迪忠烈；兵部尚书铁铉忠襄；刑部尚书暴昭刚烈；礼部侍郎黄观文贞；户部侍郎卢回贞达，郭任清毅；刑部侍郎胡子昭介愍；都御史茅大芳忠愍；御史大夫练子宁忠贞，景清忠烈；都御史陈性善忠节；金都御史周璇肃愍；右拾遗戴德彝毅直；大理寺少卿胡闰忠烈，寺丞邹瑾贞愍；太常寺卿黄子澄节愍，少卿卢原质节愍，廖升文节；刑部尚书侯泰勤贞，侍郎金有声贞愍，张昺节愍，主事徐子权贞确；兵部尚书齐泰节愍，侍郎边升果愍，郎中谭翠贞愍，主事樊士信庄愍；刑科给事中黄钺忠献，叶福节愍；户科都给事中陈继之庄景，韩永庄介；御史曾凤韶忠毅，魏冕毅直，高翔忠愍，甘霖贞定，王彬忠庄，王度襄愍，谢升贞勤，丁志芳贞定；春坊大学士林石贞穆；编修陈忠文愍；户部主事巨敬毅直；宗人府经历宋徵直愍；太子赞善连楹刚烈；御史林英毅节；浙江按察使王良贞毅；江西副使程本立忠介；陕西佥事林嘉犹穆愍；徽州知府陈彦回惠节；苏州知府姚善思惠；松江同知周继瑜庄节；知沛县颜伯玮忠惠，子有为孝节；知乐平县张彦芳庄愍；知萧县郑恕惠节；知献县向朴惠庄；沛县主簿唐子清节义，典史黄谦果义；东平州吏目郑华贞庄；漳州教授陈思贤贞愍；济阳教谕王省贞烈，子夔州通判王祯孝节；谷府长史刘璟刚节；衡府纪善周是修贞毅；燕府长史葛诚果愍；宁府长史石撰贞愍；晋府长史龙镡忠愍；辽府长史程通端直；燕府伴读俞逢辰忠愍，参军断事高巍忠毅，杜奇贞直。武臣十七人：魏国公徐辉祖忠贞；越巂侯俞通渊襄烈；都指挥杨松壮愍，谢贵勇愍，彭二武壮，马宣贞壮，朱鉴壮烈，瞿能襄烈，宋忠壮愍，孙参勇愍，庄得勇愍，张皂旗英烈，俞琪翼愍；指挥宋瑄果节，张伦贞勇，崇刚壮愍；燕山卫卒储福贞义。女子六人：方孝孺妻李氏贞烈，王艮妻贞烈，储福妻范氏孝节。文臣：修撰吴成学，尚书张纮、徐贞，侍郎毛太、黄魁、徐垢，侍读楼琏，金都御史司中郎中柳一景、张安国，主事刘原弼，巡抚黄清，御史程公智、王玭、韩郁，大理丞彭与明、刘瑞、王高，中书何申、高逊志，博士黄彦清，监副刘伯完，参政郑居贞、陈周，按使李文敏、黄直，佥事胡子义，知府黄希范、孙镇、王班、杨任、叶惠仲，同知石允、顾尝，典史周缙，知州蔡运，教谕刘固、丰寅初，训导林大同、郑士达，断事钱芹，长史邹朴，举人刘政，诸生高贤宁、王志、伍性原、陈应周、林珏、邹君默、曾廷瑞、吕贤，布衣俞贞木、王徐、王宾、杨福、袁杞山、刘国、谭仕谨等；武臣：长兴侯耿炳文，历城侯盛庸，滦城侯李贤，驸马都尉梅殷、耿璇、胡观、李祺，都督同知陈质，都督廖镛、廖铭、平安、孙岳、耿𪩘、宁忠、陈晖、潘忠、徐凯，都指挥彭聚、卜万、楚智，指挥卢振、滕聚、赵谅，镇抚杨本、徐让、卫健，小马王曾浚、周拱元，千户倪谅，戍卒龚翊、瓦剌耀等；内臣胡伯颜；官职无考：卢振、梁良用、郭良、马坤、朱进、王墀、陈子方，河西佣，补锅匠冯翁、王公，东湖乐清耶溪三樵夫，云门僧，洞庭居士，雪庵和尚等；从亡诸臣：翰林史彬、程济、赵天泰、郑洽，侍郎廖平、金焦，郎中梁玉田，司务冯淮，御史叶希贤，中书梁良玉、梁中节、宋和、郭节，监正王之臣，尚书严震直，教授杨应能，镇抚牛景先、王资、刘仲，太监段实、何洲、周恕、长寿、吴亮等；妇女：王叔英妻并二女，戴德彝嫂项氏，齐泰女，铁铉二女，孙安国妻，黄观二女，龚泰妻，郑恕二女，王省女，谭翼妻邹氏，林英妻宋氏等，皆附祀表忠祠。

　　臣按革除之事，简编杂出，错误甚多。《献征录》载：王艮，北师薄都城，群臣多往迎附，艮独闭门痛哭，与妻子诀曰："食人之禄者，死人之事，吾不复生矣！安能顾若等？"遂自鸩死。然艮没在建文三年，解缙之墓表可证也。此文节之谥，亦甚无谓。林石，字公辅，以字行，王府教授。《三台文献录》可证也。此云春坊大学士，所当改正。至于《致身录》《从亡随笔》皆伪书不足信。礼臣尚多从之。《致身录》托名翰林史彬作。吴宽表史鉴之墓，书其曾祖彬未尝入仕，则伪不待辩矣。

夺靖难大学士胡广谥。
谥靖难左都御史陈瑛丑厉。
癸卯，以王瀠巡抚登莱。
以总兵牟文绶镇守荆州。
以王允成为岳州总兵官。

谥沈子木恭靖，沈儆炘襄敏。

　　子木于楚宗之事犯清议，以逢迎一贯，儆炘亦不足道。其谥，以孙胤培长吏垣也。

甲辰，起黄道周为礼部尚书，兼侍读学士，协理詹事府事。

宗室华堞联络楚寨。

补谥直谏名臣御史蒋钦忠烈；给事中周玺忠愍；兵部主事陆震忠定；工部主事何遵忠节；刑部主事刘较孝毅；行人孟阳忠定，李绍贤忠端，俞廷瓒忠愍，詹寅忠宪，李翰臣忠毅，詹轼忠洁，刘平甫忠洁；评事林公黼忠恪；锦衣卫经历沈炼贞肃，指挥张英忠壮；左佥都御史左光斗忠毅，应天巡抚右佥都御史周起元忠惠；左谕德缪昌期文贞；御史黄尊素忠端，李应升忠毅，周宗建忠毅，袁化中忠愍，给事中周朝瑞忠毅；工部郎中万燝忠贞；副使顾大章裕愍。

补谥开国文臣：翰林学士陶安文宪；御史中丞章溢庄敏；左春坊大学士解缙文毅；太子正字桂彦良敬裕；训导叶居升忠愍；翰林承旨詹同文宪；处州总制孙炎忠愍，胡深襄节；左司郎中王恺庄愍；太平知府许瑗惠节；祭酒刘崧恭介；兵部尚书唐铎敬安；韩国公李善长襄愍。武臣：郢国公冯国用武翼，济国公丁德兴武襄，德庆侯廖永忠武勇，定远侯王弼武威，长兴侯耿炳文武愍，东莞伯何真恭靖，永义侯桑世杰忠烈，河间郡公俞廷玉武烈，东胜侯汪兴祖武愍，东海郡公茅成武烈，枢密同知丁普郎武节，都指挥使韩成忠壮，太平院判花云忠毅。

乙巳，以定策功加朱国弼保国公。

逮浙江安抚御史左光先，光先不受逮。

> 有旨："姚孙斐前以贪横激成许都之变，尚敢搜变贼产，日事诛求，又激成大变，罪不容诛。左光先力庇贪令，威胁同官，至于流毒东越。着革了职，法司提问追赃。"

> 臣按先帝初立，左魏两家颂冤，皆操戈于阮大铖。已又左氏刻行逆案，分条细注。大铖之出，光先论之最切。故大铖之所欲杀者，周镳之次即光先也。光先逃入婺源山中，金声匿之。而士英、大铖以史可法故左氏之门人，左良玉又其同宗。疑在两家，故不敢急之。

壬子，以定策升太常寺少卿李沾为左都御史。

以定策异议逮吏部左侍郎吕大器。

以总兵卢鼎镇守武昌。

癸丑，逮湖广巡按御史黄澍，澍不受逮。

甲寅，授罪枢张缙彦总督北直、山西、河南北。

使阉人孙元德催理浙、福、直三省钱粮。

使阉人田成选淑女于杭州。

　　或言内监出选，皇太后命之。其言甚亵，所以来人之疑也。

卷　三

冬十月乙卯朔，以总兵李成栋镇守徐州，挂将军印。总兵陈璘驻防九江。

吏部尚书徐石麒罢。

石麒以给事中陆朗、御史黄耳鼎例转。奉圣旨："陆朗留用。"石麒奏："朗催饷入浙，吓诈逼辱，挟妓西湖。臣以去邪勿贰，毅然用之。岂知狡兔之窟，专尚交通，不可复动也。噫！今之交通，何独一朗？江阴知县李令晰身未入都，已有中贵为之求吏部；中城兵马朱扬先、□□等疏上，即有中贵为之求考选。则皆缘朗辈在中为之辟奥窔而凿混沌也。语曰：'宫中府中，相为一体；黜陟臧否，不宜同异。'今臣部博采舆论以上，而异同之端每见。皇上独不念此初奠之神京元气，几堪琢削也！"耳鼎奏："冢臣为吴昌时之党。臣曾参昌时，宜冢臣之恨臣也。"石麒奏："耳鼎规避年例，借参吴昌时一疏为护身符。夫耳鼎之年例，为贿荐贪令郝明徽也。发之于巡方，闻之于通国，此岂昌时余党谋害所致乎？臣久在山中，不知耳鼎奉秦差时在去岁冬月也。此时入秦无路，入燕亦无路乎？自南入北，自北至南者，三月初十以前趾相错也。耳鼎奉先帝之命而出，自宜报先帝之命而归。若冬底春初入，明告先帝以不得入秦之故，宜亟召吴三桂、王永吉诸督镇巩固神京，则寇骑胡得长驱至此？一人不职，九庙顿蹶。臣不能申明讨贼之义，而仅发贪吏私人，所谓'放饭流歠而问无齿决'，恶得无罪焉？"耳鼎又奏石麒杀陈新甲以败款局。逢马士英之意，欲借石麒以为款地。石麒奏："耳鼎拾马绍愉之邪唾，将以颠倒成案，献媚□庭，以为后日卖国之地，不独欲为新甲报仇起大狱已也。臣请先言款事始末：我国家自有□患以来，其款非一矣。天启二年，本兵张鹤鸣惑于王化贞之说，俾违督臣熊廷弼节制，而私与孙得功为市。得功私献广宁，化贞逃而款议败。其次则袁崇焕遣喇嘛僧吊□□，因以议款。未成，而崇焕去位。先帝初立，授崇焕以兵柄。崇焕阳主战而阴实主款也，杀东江毛文龙以示信。伺先帝初不之许，遂嗾□阑入胁款，戒以勿得过蓟门一步。崇焕先顿甲以待。是夕□至，牛酒相慰劳。夜未央，□忽渝盟。拔骑突薄城下，崇焕师反殿□后。先帝于是逮崇焕诛之，而款议再败。然崇焕虽言款，其所练甲士颇精强，边备未弛，故诛后而祖大寿犹得以余威震于边。岁久，我叛师累累家辽西，益相狎习。边将多与□嫚，偷旦夕之安，而边备日弛矣。杨嗣昌为枢密，廉得□状，会□亦内寇，于是再以款事闻。先帝命侦□情，竟得嫚书。大怒，格之，而款议复败。嗣是即陈新甲主款也。新甲令石凤台与□通，而恶洪承畴挠其事。因□困锦州，急遣张若麒催战，欲乘间杀畴胁款，此即崇焕杀文龙故智也。不虞承畴先觉，独入嵩杏城死守。若麒计不成，乘月宵遁，陷我六师。旧辅谢升见边事大坏，忆督臣傅宗龙临行有'枢臣计尚主款'之语，□闻。先帝召新甲、升见，切责良久。升曰：'果若得款，款亦可恃。'议遂定。时壬午正月初八日事也。已而遣一瞽者、一黜生与绍愉偕往义州议款，四五月归，复得嫚书。先帝知为所绐，大恨，而款事又败。盖自辛巳张若麒倡逃后，举先帝十五年所鸠集之精锐，一旦悉扫。老成谋国之臣，无不私祝款事之成，庶几稍有息肩。至天子亲发玺书，下明诏，首臣属草，次辅书真，诚枢臣择使者而遣之，为使者饬冠剑，连车骑，乘传至塞外。我边臣椎牛酾酒，张筵六十席，燕□使。□之长遣纲纪一美少年、一老人来会，绝不语及开市事。问之，则云：'待□□命。'及□□至义州，首诘□长私与中国通，拟杀我使人，译事者为之祈请，叩头乞哀。绍愉等抱头匍匐，窜归恐后，尚未望见□面。

今称亲到沈阳，不几梦中呓语耶？且先帝之诛新甲，非以款事；臣之拟新甲罪，亦非决不待时也。先是，四五月间乞款不成，沸满长安。台省恶其辱伤国体，尽发新甲前后奸罪，章满公车，先帝概不下。忽于是年七月廿八日以十余本悉下法司，并下新甲于理。时新甲金多党盛，为之祈生全者如市。及臣发诸纠疏读之，或言其卖总副镇金银累巨万，从海道运归；或言其陷辽城四，陷腹城七十二，陷亲藩七。越旬日，臣同法司集都城隍庙，新甲口供与所纠无以异。臣于是引失陷城寨律秋斩。旧辅臣延儒为新甲营解甚力，面奏谓：'国法，大司马，□不薄城不斩也。'先帝曰：'他边疆即勿论，僇辱我七亲藩，不甚薄城乎？'延儒语塞。先帝尚以秋斩未蔽辜，谕臣再议。于是引居中调度，临时不能策应，因而失误军机者律斩。朝上，午即会官处决。煌煌天语，而谓臣杀之乎？先帝励精明睿，庶狱庶政，无不亲裁，纶扉大臣，惴惴虑过，岂有诛一枢部大臣，而竟听臣下锻炼者？耳鼎视先帝为何如主，而概以汉之桓灵、宋之理度同类视之！此臣所谓矫诬先帝者，悖之极也。耳鼎为新甲扬历岩疆，饶有兵略。洵如此，自宜龚彰天讨，执讯获丑矣。即不然，亦宜左枝右梧，可无失事，而胡以覆军杀将，亡国破城之报，若是之多也。且恭皇帝之变，皇上身尝之痛也。岂先帝痛恨之而皇上遽忘之乎？耳鼎又视我皇上为何如主，而敢于党恭皇之罪人，张封疆之罪吏也？此臣所谓欺罔圣明，老奸之极也。臣恐耳鼎之邪说得行，使国家忘用人行政修德自强之实，而崇以款□为事。盖□之佯款，其愚我也。收我边民畏战之心，弛我边塞防战之备也。若其果欲我款，则非讲金缯，讲献币，讲割地，讲南北名分，不可款也。又恐耳鼎之说得行，使天下疑先帝以为昏庸无道。□当款而不款，大臣不当杀而杀，以致身祸国瘰，为天下笑，则使先帝抱不白之诬于天下，臣之所深痛也。又恐耳鼎之徒党罪枢者，摇鼓唇舌，变乱是非，致皇上疑新甲有于谦之功，而受西市之惨，为之恤其罪累，录其子孙。孤烈皇帝敦睦之心，而增恭皇帝在天之恫，臣之所深虑也。"有旨："驰驿回籍。"石麒辞表："臣三朝遗耇，二月试铨。谟谋颇于病多，志气衰于迟暮。意欲行先帝之令甲，而不明柄凿之方员；力欲砥后进之狂澜，而未察刚柔之进退。似扬雄之老不晓事，同季梁之少不如人。动与祸期，悔将咎并。参谗累至，即慈母亦有疑投；黯矗复形，虽明主必难曲贷。瑕衅久积，窜逐宜加。蒙荷圣恩，察之舆论。奖以清鉴，念此老成。许乘传以鸣驺，立开笯而放鸟。使枯骸复上河东之垄，已是重生；俾寒泪不沾阮籍之途，尤为异数。此臣所拜稽恐后，捐报靡从者也。"

庚申，起解学龙为刑部尚书。

起逆案杨维垣为通政司通政。

钱谦益荐之也。谦益为马士英所胁，不得已而出此。维垣翻案疏曰："旧辅韩爌之再相，毫无建明，只造得一本不公不确之逆案。而所欲庇者出之，欲害者入之。如宁锦之捷，不叙经抚，乃叙一巡关御史，则洪如钟岂非魏珰私人乎？不入此案者，以钟曾首荐门户故也。建珰祠各抚臣，谁不被遣者？张凤翼岂非建祠于保定者乎？而亦不入案，则以翼为爌同乡故也。即此两端，可谓此案之公且确乎？案中真真附逆者，实繁有徒。然爌之意不在处彼多臣，而在锢阮大铖及臣等。即后来踵述爌意，多方禁锢不休者，亦非忌惮多臣，而在深忌阮大铖及臣等。其所以忌臣等者何也？皇考藩封既定，后犹求多不止。先已及皇考之母家，次将渐及皇考。臣等独平心调护之，若不知有黜斥事。彼有破绽，则畏臣等摘指之；彼有赃私，则畏臣等黜破之。凡此皆有利于君国，而甚不利于徒党。故重重蒙蔽先帝圣聪，处处阻挠先帝圣断，使先帝不能自行一政用一人。时而保举，时而换授，时而特用，亦明知诸党人之不称任使，而思有以矫之。而因以遂其援引之私，徒开仕路混杂之渐。所谓蚤见敢言之士，已壮者老、老者死矣。

而天下事亦从此坏矣。今其心犹未已也。何以知之？其言还说旧时言，其事还做旧时事，如近之姜曰广、徐石麒是也。臣急乞皇上将逆案重复审定，确如彪虎辈则仍之，其冤者则雪之。冤而物故者，则有刘廷元、徐绍言、霍维华、吕纯如、徐大化、贾继春等，不惟雪之，而且恤之。其见存者，除已经疏荐外，只有周昌晋、徐复阳等，随雪之而随用之。其不染此案，而深知案之不确，从公发愤者，只有王永光、唐世济、章光岳、许鼎臣、杨兆升、袁弘勋、徐卿伯、水佳胤等，亦宜分别存殁，恤之用之。"

以张捷为吏部尚书。

以丁魁楚总督两广。以陈丹衷代黄澍。

大学士高弘图罢。

弘图使燕事宜奏："一、山陵。闻梓宫葬于田贵妃坟园，此出自逆寇意。请合于天寿山特立陵墓，选日恭厝。一、分地。割榆关外瓯脱与之。若议关以内，即华夷无复界限，而山陵单弱，将何以安？一、款赏。俟三年匹马不犯之后，量增岁币十分之三。一、国书。或照夷俗称可汗，亦或称金国主。一、使仪。本朝使外夷，具有成礼。我使第不至屈膝，即是不辱命也。"

　　臣按此论,可谓执古不知变通者矣。"风雨如晦,鸡鸣不已。"要亦非占风望气之徒也。

辛酉,谥陈仁赐文庄,张邦纪文愍。
加巡抚湖广何腾蛟兵部左侍郎。
凤阳地震。
甲子,谢三宾请恤其子于宣。

　　三宾为其子谋翰林,以万金赍之而行,故于宣遂死于货。于宣之丧归,三宾杀其同行者谢三资,以三资隐其货而不能救之也。于宣果慷慨死节,三宾何以出此?其请恤也,不谓之欺君而何?

壬申,起蔡奕琛为吏部左侍郎。
丁丑,崇王移住温州。
礼科给事中林冲霄叙宁绍道卢若腾平乱。

　　崇祯十六年十二月,奉化雪窦山胡乘龙作乱,伪号大猛,改元宗贞,谓于崇祯去其头剥其皮也。若腾遂于二十一日发兵围雪窦,擒之。

马士英上议开海禁、税珠池。
令童生纳赀免府县试。

士英议上等纳银六两，中等三两，下等二两。

保国公朱国弼奏劾诸生沈寿民。

沈寿民，宣城人。尝与周镳读书茅山，为清议所归。阮大铖之住南京也，招引失职之士，出其门下。流言造事，荧惑听闻。如《蝗蝻录》等书，编复社士人姓名，谓东林衣钵。寿民以保举入都，上言："丰芑之议论，淆于大铖。"大铖衔之刺骨。至是授意国弼，言从贼陈名夏逃匿寿民之家，方名捕之，而寿民已变姓名入金华山中。

十一月乙酉朔，起孙嘉绩为九江监军佥事。

佥事之补，例不得书，此曷以书？以嘉绩而书也。

以朱继祚为礼部尚书，掌詹事府事。

继祚尝纂修《三朝要典》。

以李永茂巡抚南赣。
加沈廷扬光禄寺少卿，管饷务。

丙戌，补谥翰林沈懋学文节、焦竑文端。

总兵方国安入卫，隶阉人高起潜营。

国安随左良玉援剿数年，至是有隙，竟拔营东下。马士英深忌良玉，故收其叛人以自卫，国安亦甚恶之。其后士英入浙，依国安以居。而东江问罪之檄，遂无及之者矣。

以张凤翔为兵部尚书，管左侍部事。

桂王常瀛薨。

凤阳火。

丁亥，参将张□上言黄澍决河事。

有旨："黄澍倡决河之议，使汴百万生灵皆殒，罪在万世。俟楚事勘结再夺。"初，澍为汴理河，闯贼围之，上下固守。已而河决，官府人民具舟星散，开封化为泽国。先帝犹奖澍守汴之功，不知澍避逃□之名，使人私决之也。

壬辰，张凤翔以兵部尚书巡抚苏松，卢若腾巡抚凤阳。

起逆案卢大复为台兵道。

丁酉，以总兵许定国镇守开封。

庚子，收朱大典募兵入京营。

　　大典以漕抚坐赃。北变既闻，刘宗周、熊汝霖、冯元飚与大典皆会于杭。宗周命其募旅勤王，用赎前罪。大典得兵三千，引之至。冢宰徐石麒推以豫督，而遽奉严旨。于是大典结援士英，始收其兵。

甲辰，逮叛帅丘磊。

　　有旨："山东总兵丘磊靡饷二十万，逗留怨望，志图不轨。既已就擒，法司究拟。"

乙巳，巡抚苏松都御史祁彪佳罢。
丙午，谥死事吴阿衡忠毅。
丁未，赐宴巡按御史彭遇飚。

　　马士英以航海张本托遇飚。而遇飚至浙，激变于民，故不终其事。

以何腾蛟为川湖总督，代杨鹗。
升郧阳兵道高斗枢为湖广巡抚。
戊申，淮安地震。
乙酉，鲁王驻跸台州。

追上景皇帝生母吴贤妃谥号曰孝翼温淑惠慎慈仁匡天锡圣太后。

补谥孝康皇帝之子允熥吴悼王，允熞衡愍王，允熙徐哀王，惠帝之子文圭恭愍，皇太子文奎原怀王。

十二月乙卯朔，黄斌卿改驻池州，郑鸿逵改驻京口，榷酤。

大学士史可法痛愤上陈偏安必不可保。

疏曰："晋之末也，其君臣日图中原，而仅得江左；宋之季也，其君臣尽力楚蜀，而仅困临安。盖偏安者恢复之退步，未有志在偏安而遽能自立者也。屡得北来塘报，皆言□必南窥。黄河以北，悉染腥膻，而我河上之防，百未料理。复仇之师，不闻及于关陕；讨贼之约，不闻达于□庭。一似君父之仇，置诸膜外。近见□示，公然以逆之一字加之于南，是和议固断断难成也。先帝以圣明罹惨祸，此千古以来所未有之变也。先帝崩于贼，恭皇帝亦崩于贼，此千古以来所未有之仇也。先帝待臣以礼，驭将以恩。一旦变出非常，在北诸臣死节者寥寥，在南诸臣讨贼者寥寥，此千古以来所未有之耻也。庶民之家，父兄被杀，尚思陷胸断脰，得而甘心。况在朝廷，顾可膜置？皇上明承大统，原与前代不同。诸臣但有罪之当诛，实无功之足录。臣于登极诏稿，将加恩一款特为删除。不意颁发之时，仍复开载。闻□□见此亦颇笑之。今恩外加恩，纷纷未已，武臣腰玉，直等寻常，名器滥觞，于斯为极。今宜以爵赏崇待战功，钱粮尽济军需。不急之工役，可已之烦费，一切报罢。盖贼一日不灭，□一日不归，即有宫室，岂能晏处？即有锦衣玉食，岂能安享？此时一举一动，皆人情向背所关，狡□窥伺所在也。"

壬戌，访求《三朝要典》，宣付史馆。

杨维垣奏："张差梃击一案，谁不知其为疯癫，而必欲强坐为刺客？倘差为刺客，则皇考母家必枉受主使之诛，而彼时藩邸亦将有株连之祸。光庙既不遂友于之爱，而神祖亦且被溺惑之名。首此难者，一贪酷之王之寀耳。只图博非望之功，而使累朝父子兄弟无一可者。李可灼红丸一案，平心论之，亦可谓之无功，而不可诬之为行鸩。倘此药为鸩，则是光庙不得考终，熹宗不能正始。不但彼时首辅方从哲不能谢责，即次辅韩爌亦不宜再相，刘一燝亦不宜得谥，而先帝亦久失讨贼之义矣。首此难者，一事后之孙慎行耳。只图遂彼报复之私，而累朝父子君臣无一可者。李选侍移宫一案，夫移宫亦止送往事居之常，而不当造垂帘听政之谤。以为非此谤

不足以见吾功。然致光庙不能保其巾栉，熹庙不能
酬其抚养，甚至照管冲主者，不归之数年有恩之宫
嫔，而归之妖淫干外事之客氏。首此难者，为一小
臣杨涟耳。只图遂王安专擅之私，为群小奥援之主，
而使累朝夫妻母子无一可者。夫此等害忠伤孝之事，
人人知之，第人人不敢议之。大臣不附此，则不能
保其崇阶；小臣不附此，则不能跻于要路；不肖者
不附此，则失其护身之符；貌贤者不附此，亦不能
寻题目做文章。首此难者，为焚《要典》之刘鸿训，
改《实录》之文震孟耳。亦以图快驱除异己之私，
为迎合时局之助，而使累朝伦理治道人才事功无一
可者。此《要典》一书，冠以御制，重颁天下之必
不容缓也。远以白累朝之疑，近以雪皇考之恨，前
以终思庙之志，后以昭万代之史，一事而四善备焉。"
宁南侯左良玉谏："《要典》毁自先帝，不宜重颁。"
有旨："《要典》一书，系朕家事，当存实录。列
圣父子兄弟叔侄之间，数十年来，并无丝毫间言，
不知当日诸臣何故借端诬构，卿一细阅，亦当为朕
倍增悲愤。"

以定策晋诚意伯刘孔昭、东平伯刘泽清为侯。
下部恤翰林院检讨胡守恒。

守恒，字见可，舒城人。流贼攻舒，以乡官守城被害。

丙寅，陈洪范使北回，召对。

洪范奏："八月十五日至黄河，二十一日到宿迁，九月十八日至德州。东抚方大猷传摄政令旨：'来使止许百人进京朝见。'臣与左懋第商榷相见之礼。懋第出阁议，以抗节为不辱命；又议以关外瓯脱与之，许岁币不得擅过十万。时第知吴三桂借兵破城而来，未知其势之不同也。二十六日，天津巡抚骆养性来至静海，将臣所携官丁自百人外，其余安置古寺，使人监守。二十九日至河西务，臣等遣参将王廷翰、赞画生员王言赍名帖往投。内院冯铨等辞色俱厉，却帖不收。十月初五日至张家湾，因遣摄政启：'三使奉御书礼币而来，宜遣官郊迎，岂有呼之即入之礼？'初十日，礼部又奇库来迎。十二日，鼓吹前导。御书从正阳门入，使臣随之，至鸿胪寺中。关防甚严，寺内不容举火。饮食传送，官丁饥寒殊苦。十三日，礼部至寺索御书，臣等执礼须其迎入，礼部不顾而去。十四日，内院刚林榜什率十余人，俱夷服佩刃，直登寺堂，踞椅上坐。通事车令指地上令臣等坐于左，臣等取椅对坐。林曰：'我国为

明朝破贼报仇，江南不发兵，便立皇帝，何也？'
臣等曰：'今上乃神宗嫡孙，先帝既崩，伦序相应，
立之讵曰不宜？'林曰：'崇祯皇帝有遗诏否？'
臣等曰：'先帝变出不测，安有遗诏？南都闻变，
臣民拥戴，告于高皇帝之陵而立之，安事遗诏？'
林曰：'崇祯皇帝死时，江南臣子何为不来救援？'
臣等曰：'南北地隔三千里，诸臣闻变，亟整兵马，
正欲北来，而传闻贵国已发兵逐贼，故先遣使臣讲
好谢德。'是时左懋第身服衰绖，林指而谓曰：'汝
服孝便是何臣？'臣曰：'左部院之服母丧也。'
林曰：'汝等何在？今日却来？'懋第曰：'先帝
遭变之时，吾往江南发兵。陈总镇、马太仆尚在林
下。'林曰：'汝发兵曾杀得贼否？'懋第曰：'吾
奉命助剿献贼，彼时闯贼未曾敢犯上江。'林曰：
'无多言！吾国不日发兵即下江南。'懋第曰：'江
南尚大，兵马尚多，亦未可轻言下也。'臣曰：'使
臣数千里来通好致谢，何必以兵威相吓？果要用兵，
岂能阻得？但恐有碍摄政王报仇破敌之初意耳！'
林不答而出。十五日，内院户部入寺，同收银币银
十万两、金一千两之外，尚有余鞘，辄起攘夺。臣
等云：'银一万两，缎二千匹，留赐吴三桂者。'
诸□亦竟驮负去。二十六日，刚林至寺，以行期告。
臣等曰：'三使奉命而来，一致谢贵国，一祭告祖陵，

231

一改葬先帝。使臣尚欲一至昌平。'林不听。臣等曰：
'果不容往，愿留三千金委官督工可也。'亦坚执
不从。出檄一通，当堂朗诵，臣等坐而听之。臣曰：
'使臣讲好而来，不得讲而去，可乎？'林曰：'果
欲讲好，河上亦可，江上亦可。'二十七日，□官
二人，带兵三百，押送出城，防守益严。二十九日，
至河西务，仰望诸陵，近在咫尺，不得一谒。设位
遥祭而哭之。十一月初四日，过沧州十里，忽有夷
丁五六十骑，追回左懋第、马绍愉。臣问何故。云：
'二人留此，放汝一人南回，报大兵即下。'夷丁
立拥二使，不容一语而北。十六日，过济宁。二十
日，□兵乃回。臣前两奉召对，天语丁宁，思得一
当以报陛下，而事势如此。□已据都僭号，自燕至
齐，分兵列守。而议者欲以十万岁币出之关外，宁
可得乎？且其言曰：'吾朝得自流贼，不自明朝。'
使臣虽辩若仪、秦，安能强之受我戎索乎。□之猜
忌特甚，骆养性与臣片语，谍者驰报，即削职逮问。
陷北诸臣吴三桂、祖大寿等，咸杜门结舌，不敢接
见南人。而甘心献媚者，唯以绝通好，杀使臣，下
江南，为容悦。臣又岂得以只字相闻于三相乎？相
传□即位之诏，内有明朝诸陵，不许伤毁，仍拨内
员看守。而陵旁树木剪伐已多，紫气犹葱，松楸非
昔。臣之痛心者一也。贼奉先帝梓宫厝于田园，皇

上敕臣等同旧辅谢升共议奠安。今升已在□庭，□复不容改葬。先帝圣明英烈，而马鬣未封。臣之痛心者二也。臣遍访北来诸人，佥谓流贼闻□兵将至，先杀皇太子，挟二王马上偕行迎战。永平失利，二王随亦受害，受害之地，迄无实报。今仅存公主，先帝伤其一手，养在周皇亲家。臣之痛心者三也。"

马士英加少师。

北兵自孟县渡河。

大学士史可法奏："我于□所隔者一河耳。□处处可渡，我处处宜守。河长二千余里，非各镇兵马齐力捍御，不能固也。故兴平伯高杰欲自赴开、洛，而以靖南侯、广昌伯之兵马守邳、徐。久知□之乘瑕必在开、洛，无如自镇之不相应何？今□已渡河，则长驱而东，刻日可至。御之河以南，较御之河北，其难百倍矣。"

庚午，使西人毕方济通洋舶。

下部恤死事御史魏景琦。

起御史林汝翥为临海道。

起用逆案周昌晋、陈尔翼、徐复阳，逆党袁弘勋、水佳胤。

弘光元年春正月乙酉朔。

乙未，以蔡奕琛为东阁大学士。

召对马士英、阮大铖。赐大铖蟒衣一袭，银十两。

用保国公朱国弼言，以从贼案不结，革刑部尚书解学龙职。

丙申，起叶廷秀光禄寺少卿。

廷秀奉旨补都察院堂上官，终以非其类抑授。

起马思理添注左通政。

起唐世济为右都御史。

总兵卜从善比例自请封爵。

许定国杀高杰。

定国扎营睢州，杰欲并之。宋游击往来其营，数言定国易图。十一日，杰以二千骑率前三营胡郭等镇至睢州五里庙。定国出迎，杰与之誓于庙中。杰入城，二千骑随之，前三营留城外。是日，定国宴杰，营将劝其不往。杰曰："定国老妮子耳！何多虑也？"明日，杰请定国，杰言："人言甚讹，贵镇不宜住睢。"定国云："为国防河，何讹之有？"杰云："贵镇离此，则人言自息。若归阁部，归淮藩，亦惟所择。吾为贵镇先之也。"定国云："岂有近

舍明公，远择所归哉？"杰云："果欲归我，则住
子于扬州，或泗州，即在明日。"定国以妻病请缓
其期，杰云："龌龊龌龊！丈夫行止而由于妇人，
不如为子杀之，当偿汝以美人也。"定国请十六日，
杰遂允之。当杰与之饮也，定国使其侄许四设酒于
外，以饮杰之内司各将，皆酣甚。夜半，定国既出，
使其长枪手围杰。杰提刀出砍二人，长枪手攒聚杀
之。前三营闻乱，攻入瓮城，为长枪手逐出。十三
日，前三营攻城不克。是夜，定国出走西门。而杰
骑兵二千之在城中者，为定国所杀，逃者二三百耳。
前三营还至徐州抢掠。史可法抚之。随举后五营总
兵李本身统杰之兵。

庚子，叙殿工。
刘孔昭讦御史王孙蕃不与定策。

　　孙蕃自陈孔昭至其榻前，密商定策。孔昭以士
不可以无耻，讦其阄奏。

已故逆案徐景濂子乞恤。从之。
逆案潘汝祯伪为民本陈辩。

　　有旨："建祠会稿，潘汝祯见有题疏，岂得委

之前任张选等？何故于十七年之后始行陈辩？"

辛丑，陈洪范回籍。

  洪范北使回，云黄得功、刘良佐二心于□，兵科□□言其果有此情，方且秘之惟恐不谨，肯以其情输我？又况追还左、马，独放洪范。使为反间，其理甚明。

以瞿式耜巡抚广西。
壬子，以刘若金总督湖广。
使阉人庞天寿管两广珠池。
复已故逆案张汝霖、李思诚官。
二月甲寅朔，湖广巡抚改用王骥。

  路、丘二贼久困郧阳。道臣高斗枢，先帝用为秦抚，至是用为楚抚，皆不得达。去年十二月，用计反间，二贼相并。路贼杀死丘贼，退回襄阳，郧围始解。是时南都犹断声息，故改用王骥。

谥桂王曰端。
丙辰，复逆案吴孔嘉官。
戎政尚书张国维告假回籍，以李希沆署戎政事。

丁巳，户科给事中吴适驳忻城伯赵之龙荐用逆案陈尔翼。

> 臣入垣详看内勋臣赵之龙荐用人才一疏，内有陈尔翼者，察系钦定逆案中人。简阅原案，颂逆有"内外诸臣心，厂臣之心"等语，又荐崔呈秀为本兵，以为逆迹昭然，非若他人可以影响辩释也。因与同官张希夏面相参阅，谓不可不驳以正告之。不意勋臣复出一疏，期必用而后已，何其不谙职掌，而为是喋喋者乎？祖宗典制，惟科臣专封驳之责，未闻以勋爵参之也。以诟魏逆者为公道？将魏逆在今日应昭雪而后可。以荐举崔逆者为公道？将崔逆在今日应推用而后可。吏科参看得陈尔翼、徐复阳，同逆案中人，复阳二疏，护奸害正，尔翼颂魏，荐在两人，罪款有据，不应乘时诡脱。

己未，以高倬为刑部尚书。
魏国公徐弘基卒，谥壮武。
赠死难冯垣登太仆寺少卿，邹逢吉太仆寺丞。
加阮大铖兵部尚书。
黄得功、刘泽清攻高营，欲并之。

> 杰既死，两镇欲分其兵，得功令四营总兵往扬

州追取高兵。泽清亲至仪真，发令箭于新城地方，擒高营头目五人。有旨："大臣当先国事而后私仇。黄得功若向扬州，既离汛地。狡□乘隙渡河，罪将谁任？朕于诸藩恩礼有加，诸藩亦当恪守臣节，不得任意轻举，致误国事。"史可法则以李本身代杰，而杰妻邢氏又纷诉不已，虽仍以高元爵统之，而别属者多矣。

癸亥，除朱大典兵部左侍郎。
甲子，谥太子献愍，永王悼、定王哀。
乙丑，以卫胤文总督高营兵将。
遣协理詹事府事、礼部尚书黄道周祭告禹陵。

初，道周不欲出山，士英使人讽之曰："人望在公。公而不起，岂欲从史可法立潞王乎？"乃就召。然士英故未尝用道周，第以虚名羁络之。

己巳，下部恤死难阎永杰、彭文炳。
录逊国方孝孺后澍节为五经博士。
礼部尚书顾锡畴致仕，以钱谦益代之。
庚午，怀远侯常延龄解任。

勋臣之中，惟延龄骨鲠，不为马士英所用。阮大铖之起，具疏争之。每论必多不合，故解任而去。

辛未，以逆案杨维垣为左副都御史。
复先帝罪阉王裕民、刘元斌官，各荫弟侄。
下苏松死难王钟彦、宋天显、施溥祭葬。
谥死事武臣刘源清武节。
癸酉，逆党袁弘勋为大理寺左寺丞。
闯贼败于西安。

　　北兵败之也。贼尽撤承、德、荆、襄之兵，援救西安，又败。于是从樊城浮桥渡江至襄，收拾兵马，水陆并下武昌，分为三道：一道渡江走随州、枣阳，一道走荆门，一道水路走汉口。

甲戌，钦天监奏日月赤色太甚。
丙子，蔡奕琛进礼部尚书、文渊阁大学士。
北兵至宿迁。
逆党袁弘勋追理《要典》。

　　弘勋受徐大化指使，于崇祯元年劾孙慎行、韩爌、刘鸿训，荐孙之獬、徐绍吉、阎鸣泰，撒泼无赖。其疏皆怀挟举人邵喻义所为，弘勋实蠢不解事。此疏之后，至弘光帝将逃之际，犹不知倩何人手笔。

猖猖不已，直可供一笑而已。

左良玉复云梦县。

己卯，张承惠袭惠安伯。

沈宸荃为苏松道。

庚辰，改谥先帝毅宗烈皇帝，先后周氏孝节烈皇后。

廷臣以谥法追悔前过曰思，此为下谥，而以加之先帝守死社稷之主，非臣子所安。马士英不可，特疏申明。有旨："庙号思宗，系卿恭拟。考据典则，合极徽隆。不必改。"已而知北亦谥思，于是改定，以修《实录》。

补谥史臣顾起元文庄。

追封福府郡王由𣚳颍王，谥曰冲。

定北都从贼诸臣罪。

从逆贼案：一等应磔十一人，宋企郊、牛金星、张嶙然、曹钦程、李振声、喻上猷、黎志升、陆之祺、高翔汉、杨王休、刘世芳；二等应斩秋决四人：光时亨、巩焴、周钟、方允昌；三等应绞议赎七人：陈名夏、杨枝起、王承夏、原毓宗、何胤光、廖国遴、项煜；四等应成议赎十五人：王孙蕙、梁兆阳、钱位坤、侯恂、陈羽白、裴希度、申芝芳、刘大巩、郭万象、金汝砺、吴达源、黄继祖、王秉舰、杨廷鉴、张茂素；五等应徒议赎九人：宋学显、沈之龙、缪沅、吕兆龙、吴刚思、方以智、傅鼎铨、张家玉、傅振铎；六等应杖议赎八人：潘同春、王子曜、周寿明、向列星、徐家麟、吴泰来、张琦；陷北庭俟后定夺二十八人：何瑞徵、杨观光、张若麒、方大犹、党崇雅、熊文举、龚鼎孳、叶初春、戴明说、孙承泽、涂必泓、刘汉儒、薛所蕴、卫周祚、赵京仕、刘昌、张鸣骏、高尔俨、黄纪（内缺九人）。另议二十七人：翁元益、鲁卓、郭光、吴尔埙、史可程、左茂泰、王自超、白胤谦、龚相熙、王皋、梁清标、杨栖鹗、李化麟、张元琳、吕崇烈、侯埙佐、吴之瑞、邹明奎、姬坤、朱国奇、许作梅、胡显、赵煜、吴嵩元、刘廷琮、朱积、王之牧；奉旨录用十一人：张缙彦、时敏、卫胤文、苏京、韩四维、黄国琦、施凤仪、龚彝、姜垒、张正参、顾大成。

议懿安皇后张氏谥。

癸未，戮妖僧于市。

先是，十二月十二日，有僧在汉西门外，自冒先帝，缉获至戎政衙门，供名大悲。其初意不过借以动众，不虞见获。而马士英遂授以意，将一网以尽其不便者。书数十姓名，令其出之袖中，言钱谦益使我来此。户部申绍芳及谦益等皆上章自理，有解之者，不竟其事。

卷　四

三月甲申朔，虞廷陛补吏科左给事。

礼部印被盗。

辛卯，马士英晋太保，王铎晋少傅。

改铸印信，不称南京。

甲午，使阉人乔尚监两淮盐课。

丙申，会审太子真伪。

　　先是，正月内，鸿胪寺少卿高梦箕一奴穆虎自北至，同一少年，密谓梦箕曰："此先帝东宫也。"梦箕留之不肯，即令虎伴之至浙。顷之，梦箕以闻于帝。帝使阉人马进朝追之，得于汤溪。上召国公朱国弼，侯柳祚昌、邓文虎、刘孔昭、伯赵之龙、焦梦熊、常应俊，驸马都尉齐赞元，阁臣马士英、王铎、蔡奕琛，翰林刘正宗、李景濂、张居，中书吴国鼎至武英殿，谓曰："有稚子自称皇太子，内臣李承芳、卢九德审视回奏，皆云面貌不对，语言闪烁。卿等会同府部大小九卿科道讲读官，前去辨其真伪。"士英奏："原任翰林方拱乾办事东官，臣召而问之，据拱乾所称，东宫睿质颖秀，口阔面方，目大而圆，身不甚高，最为认识。又司业李景濂、翰林刘正宗，皆系讲官。如真，则不惟三臣识东宫，东宫亦识三臣，否则两不相认矣。"赵之龙、朱国弼皆云曾见东宫。已而拱乾、景濂、宗正、之龙、国弼回奏，皆曰伪，而大学士王铎自云在东宫侍班三载，识认极真，尤言其伪。上特称之云："具见忠诚大节！"于是下法司锦衣卫研究造谋根底，并收高梦箕、穆虎。又出太子伴读太监丘志忠认之，痛哭而证其非是。于是刑部尚书高倬、锦衣卫冯可宗皆上爰书云："审得王之明供称：年十八岁，三月十六日生，保定高阳县人，伯祖王昺，尚延庆公主，祖王晟，父王元纯，嫡母刘氏，生母徐氏。父母皆故，止有一妹，嫁与举人张廷录子问成。齐驸马之叔行四者，同陈洪范自南而北，故住之明之屋。语以南方乐土，之明买驴一头，随一仆王元出走。行至山东，王元逃失，邂逅穆虎及长班张应达、生员刘承裕，遂结伴同行。穆虎、张应达胁之明冒称皇太子，至南京，留梦箕家四日，随送汤溪潜住。又供：武公名下一小内竖教之明皇后是周，东宫是田，西宫是袁，又与一单，细注历代祖宗各省藩府，令之明牢记。又讯：方讲官汝何故识之？之明供：有人语我多髯而方冠者，方拱乾也。臣等会看得王之明即《汉史》所云夏阳男子假冒卫太子之故智也。"又传各省提塘官、应天士民共入审视，即以审词刊刻颁行天下，然天下之人无不愈疑。即闾巷小民，亦至泣下，欲生食王铎、方拱乾之肉。靖南侯黄得功奏："是非真假，日久自明。此时惟以多方保护，庶几天下共见其无他。万一稍有瞻顾之心，卒逢雾露病死，即真奸伪，天下亦疑为真东宫矣。盖原在东宫诸臣，即明白认识者，亦不敢矢口自取杀身之祸，则东宫诸臣之言，其不足取信于天下亦明矣。"湖广总督何腾蛟、应安江楚总督袁继咸、宁南侯左良玉皆上疏与廷议相抗，而腾蛟、良玉疏内传闻自吴三桂、史可法送来。于是士英逼可法出疏，用释天下之疑。可法奏："先是传言太子为贼所害，至今年二月初五日，使臣左懋第、马绍愉，抄传摄政王告示一纸云：'有妄人自称明朝太子，径造皇亲周奎家，探问怀宗公主。远望未详，蒙面而哭，及详审面貌，全然不是。袁贵妃及宫女秦柏寿等皆不相认。据假太子口称从来未落贼手，流亡在外，至今方出。有礼部郎中黄熙胤、朱国诏，曾与皇太子同出，亦不相认。故将周奎发刑部审问。养鱼太监常进节、羽林前卫指挥李时印说太子是真，典乐太监□应庚说太子是假。应庚遂犯众怒，聚而殴之。太监孙雄不敢言假，然而实非真也。为此合行晓谕，若太子避迹民间，即来投见，以便恩养。等因。'随将妄人下之刑部，此左懋第等书可据也。三月中自北来者云：'摄政将认太子诸人皆杀死，百姓不平，集内院之前而噪。摄政又将谢升杀死，以谢百姓。其在刑部之假太子，已勒死矣。都人言及，无不哀恸。'夫虏即待太子至优，亦不过假以空名，给以廪食耳。况贵妃、公主见在，一时相随之，诸珰环列。以此而假冒，虽至愚者不为。况周奎、公主一见即相抱而哭，后有怵以利害者，乃不敢认。京城百姓环聚其门而辱詈之，各官出认太子者，多被杀而不悔。由此观之，是皇太子不死于贼，诚死于虏矣。北方之太子方杀，而南方之太子又来，此理与事之必无者也。"然天下之疑，终不可解，而中朝亦有所忌惮，不敢加害。左良玉遂以兴晋阳之甲。及帝出走，南中士民相聚而出之于狱。即位一日，北兵乃入。

臣按：王之明招辞，之明在北，有庐有仆，其家颇亦温饱，何故弃之而出？此可疑者一也。小内竖所知，亦不过三官之姓氏，大内之门户耳。至于历代祖宗，各省藩府，名分支派，顾非所悉。若当时反复征诘，之明有一言之误，暴之于丹书矣。此可疑者二也。当时所识者，不仅一方拱乾，今皆隐而不书。即拱乾之识（此处有讹脱），此可疑者三也。若真太子在北，是时北将南伐，必挟太子以正江左之罪，而肯率草杀之乎？则北方之以假而杀之无疑也。臣尝闻之太宰徐石麒云：会审之时，太子谓一内侍曰："某年某月，若尝进一扇求书，吾为若书之，颇忆此事否？"然则爱书之不出自太子明矣。

丁酉，以耿廷禄巡抚四川。
定兵额。

　　京营□万，神武营五千，四镇每镇三万，安庆陆兵一万，水兵五千，应抚三千，总兵五□，淮抚一万五千，凤督一万，京口一万八千，芜采水营一万，徐镇四千，每名给银饷二十两。

己亥，加朱大典兵部尚书，提督广昌靖南各军。
北兵至河南。
许定国降北，封为宁南王。
庚子，长安门获一妄人。

　　锦衣卫冯可宗奏："妄人白应元病风阑入，逐回原籍。"

甲辰，河南归德陷，巡按监察御史凌駉死之。

驷，字龙翰，歙县人，癸未进士。二月二十八日到任。北兵下令，御史不降者城屠。于是官将吏民强驷纳降，北兵处之空馆。驷寓书："惟愿贵国尚存初志，永敦邻好。大江以南，不必进窥。否则扬子江上凌御史，即昔日钱塘江上伍相国也。"遂自缢。其侄润生亦从死。赠兵部左侍郎，润生赠御史。

辛亥，宁南侯左良玉东下，以清君侧。

良玉檄："先帝升遐，海内失望。讼狱讴歌，咸思太子。比幸返驭南都，不意权奸谋逆，按下锦衣。本藩奉太子密旨，率师赴救。凡有血气，当念同仇。颙望义旗，共靖大难。速建补天浴日之绩，毋蹈失时后至之殃。"上密谕兵部："闻良玉被闯贼所败，残兵犯阙。该部即传督辅史可法，督抚朱大典、张凤翔、张秉贞、旷昭、王骥、田仰，靖南侯黄得功，东平侯刘泽清，广昌伯刘良佐，操江伯刘孔昭，忻城伯赵之龙，总镇杨振宗、方国安、黄蜚、郑彩、王斌卿、郑鸿逵、卜从善、杜弘域、张鹏翼，监军杨卓然、杨文骢，同心合力，为朕堵剿。如克殄元凶，奠安社稷，爵为上公，与国咸休。"良玉之下，虽清君侧为名，而其驻武昌也，败于闯贼，人马既多损失，部曲亦多叛之而去者。四月初二日，至九江，遂郁郁而死。其子梦庚统其兵。初七日下安庆，随攻池州，为黄得功击退。北兵逼维扬，梦庚遂降。

夏四月癸丑朔，赠高杰太子太保，其子元爵袭封。锦衣卫冯可宗、秉笔太监屈尚忠，会审假后童氏。

先是，帝在藩邸，有卖婆童氏与其女出入府中，帝与其女私通。闻帝即位，自称为后，民间亦以后目之。河南巡按御史陈潜夫称臣而谒，见其应对瞻敏，亦遂心折，与巡抚越其杰送至南京，而太后不容其人。有旨："朕元配黄氏，先朝册封，不幸夭逝，继配李氏殉难，俱已追封后号，诏谕天下。童氏不知何处妖妇，冒认朕躬结发，即遵旨严刑讯问来历，并主使拨置之人。"三月二十八日，童氏堕胎申报，帝益耻之。以潜夫私谒妖妇，无人臣礼，逮问。

安远侯柳祚昌参北洋副总兵张名振。

参其贪狡，北京指官局诈，曾经枢臣陈新甲枷责示众。

甲寅，以总兵李本身提督高营。
马士英上疏自罪。

疏云："闻贼未知何往，闻九江将士家眷皆已登舟，事急则图遁走南昌矣。归德之贼，未知实到何处，据报，王之纲、李仲兴、杨承祖皆已逃回扬州，李成栋已于徐州城外扎营，家眷俱登舟，淮徐道家眷亦登舟矣。东平侯刘泽清有书与臣，言江北文武将吏熟计，北警则相从入海。是今日防河之胜着，已豫备走海之上计也。广昌伯刘良佐亦有书与臣，言诸将豫计□若东来，则入海者入海，渡江者渡江，独本藩孤军当道，无可退步。至于骗官骗饷，不能进前一步。王燮、王溁、越其杰等，不可胜诛也。"

庚申，刘孔昭加太傅。

恤已故逆案并其党人。

刘廷元、吕纯如、黄克缵、王永光、杨所修、徐绍吉、章光岳、徐景濂，俱赠荫、祭葬、与谥；徐大化、范世济，准赠荫、祭葬；徐扬先、刘廷宣、许鼎臣、岳骏声、徐卿伯，准赠官、祭葬；王绍徽、徐兆魁、乔应甲、陆澄源，准复原官。

癸亥，调靖南侯黄得功渡江入池，以御左兵。

丙寅，弃光时亨、周钟、武愫于市。

上传："时亨因李明睿不同声气，力阻南迁，使先帝夫妻父子无一生全。妖讹假冒，烦兴叠见。向使先帝无恙，朕安守藩服，何致日来纷纭？周钟以词臣降贼，仍敢无礼先帝；武愫受贼伪命，为贼任使，牌示有据。三犯即照原拟罪名，会官处决。其余拟斩的都饶死，发云南金齿等卫永远充军；拟绞的发广西地面，充军终身。军罪以下为民，永不叙用。该部仍将各犯姓名刊刻成案。"

勒礼部郎中周镳、武德道雷縯祚自尽。

上传："二犯结党乱政，罪已当诛。乘国家多难，招引外兵，别图拥戴，紊乱大朝。流毒构衅，法应赤族。姑念所谋不成，已经大赦，狱中勒令自尽。"

镳，字仲驭，金坛人，戊辰进士。尝与宣城沈寿民读书茅山。慨然慕范孟博、李元礼之为人。是是非非，不少假借。小人之议君子，多曰伪，镳曰："伪而为善，宁如诚而为恶也乎？"逆案既定，阮大铖移住南京，招徕匪类，□言远近以图翻案。诸名士出南都防乱之揭，主之者镳也。当是时南都之走大铖门者如市，骤而消阻。太宰郑三俊主察，其贤否多出于镳。故事，先祭之日，太宰发单于科道，科道书其贤否，上之太宰。镳之母党张明弼居官无善状，镳不为隐，三俊察之。明弼当堂诘三俊，据单不应下考。三俊曰："吾知子之不善，何必单也！"明弼乃为《肚单记》以诘镳。镳在狱而左兵东下，左国栋、沈士柱等皆与闻于揭，避大铖而客良玉。故谓晋阳之揭，镳实使之。

　　臣按：南都之立，百无一为，止为大铖杀一周镳而已。斯时亦有告大铖者曰："天下未定，不知为□为贼，公毋尚以报复为也！"大铖曰："钟鸣漏尽，吾及时报复，亦何计其为□为贼乎！"

　　繆祚，字介公，周延儒之未败，祚参之。及为武德道，北兵阑入，又参督抚玩寇，致之大辟。故为时所忌。

　　孽逆原任署正徐禹英希阮大铖旨，参顾杲、黄宗羲。

　　《南都防乱揭》首杲，次宗羲，次左国栋，次沈寿民，次魏学濂。学濂死于北变，寿民变姓名入金华山中，国栋客于左营。于是禹英参杲、宗羲，下法司逮问。左佥都御史邹之鳞，杲之姻也，迟之。而北兵已下，不竟其狱。

　　北兵渡河，入泗州。

瓜州高营兵叛，郑鸿逵击退之。

庚午，许定国导北兵至扬州。

以黄斌卿为广西总兵。

常澄进封襄王，潘氏封王妃，暂寓江州。

赠殉难勋臣朱纯臣舒城王，宋裕德梁国公。

乙亥，北兵入瓜州，总兵张天禄、张天福、孔希贵、李成栋、李世春、王之纲等，皆投入北营。

王铎、常应俊督师出镇。

丁丑，补封于谦临安伯，世袭。

北兵破扬州，大学士史可法，知府任民育，诸生高孝缵、王士琇死之。北兵遂屠其城。

可法，字道邻，祥符人也，戊辰进士。十五日，北兵薄城下，遣降将李世春说降，可法叱之。又遣乡约捧令旨至，可法使健丁投令旨并乡约于水。十七日，豫王移书数通，皆不发而焚之。监军高岐凤、总兵李栖凤逾城出降。可法呼副将史得威，以遗表遗书授之，曰："死，葬我于高皇帝之侧。"二十五日，城陷，自刎不死，命得威刃之，得威痛哭不敢仰视。参将张友福拥可法出小东门，北兵至，可法大呼："史可法在此！"豫王犹欲降之，可法曰："天朝大臣岂肯偷生作万世罪人！"遂遇害。

民育，济宁人，握印坐堂上，不屈而死。

孝缵，字申伯，书其衣云："首阳志，睢阳气。不二其心，古今一致。"自经先师位前。

士琇设烈皇帝之位，与其弟同缢。

附录：何刚，字悫人，华亭人也。以职方司主事监阁部军，兵溃被杀。钱应式女自缢，刘乙然妻周氏与其女同缢。其死难而姓名可知者，有江都县令鄞周志畏，字抑畏，癸未进士。县丞孝丰王志端，字研方。诸生王缵，字伯绵；王绩，字亚绵；王续，字叔绵；李澜，字学海；黎增，字□修；魏应泰，字泰来；熊胤明；医陈天拔，字西朋；兴平伯都司程秀夫；武生戴之藩；又兵张有德；船户徐某；画客陆榆，字立梧（西星之孙）；民冯应昌。

五月壬午朔，晋黄得功为靖国公。

丁亥，北兵渡江，入京口。

居民施振环妻见兵至，挈其女投河。

辛卯，逆案袁弘勋犹上疏追理三案。

甲午，帝出奔。

丁酉，赵之龙等迎北兵入南都。刑部尚书高倬、礼部仪制司郎中黄端伯、钦天监博士陈仲弓、太学生吴可基、诸生潘履素、武举黄金玺，死之。

倬，号枝楼，重庆忠州人，乙丑进士。先一日自缢。

端伯，字元公，江西进贤人，戊辰进士。北人籍朝官姓名，端伯书"大明忠臣黄端伯"七字与之，乃被执。见之内院，端伯背立不屈，下于江宁狱中。豫王欲降之，不可。越三日，谓之曰："吾不强汝以官。剃头改冠，则任汝所之也。"端伯曰："吾志已决，不能易矣！"始命杀之。端伯趺坐为偈曰："觌面绝商量，独露金刚王。问我安身处，刀山是道场！"一奴拱立其侧，端伯挥之去，不肯，卒同死。

仲弓，上海人，自缢公署中。

可基，新安人，衣白衣，书绝命词于上曰："蹇遇逃君臣，临危犹保身。甘心命节义，耻服北夷人。"缢死鸡鸣山关壮缪祠。已收其尸，袖中有银三两，题封买棺。

履素，江右人，先一日自缢。

金玺，江宁人，大署于其寓壁曰："大明武举黄金玺，一死以愧为人臣而怀二心者。"自缢。

附录：户部主事吴嘉胤，号方勖，华亭人。六月二十四日，下令剃发，嘉胤命二仆捧冠带，至水末亭，进拜方正学像，自缢于树。一仆欲解之，其一曰："不如令吾主尽节。"中书舍人袭廷祥，字伯兴，无锡人。五月二十二日，投武定桥下。陈士达，金陵人，不肯剃头，投水死。水师副总兵金录，四川人，同诚意侯刘孔昭入海，风阻失队，为北兵所截。金录以金帛系妻沉之，取玉带自束，或怪其仓卒腰玉。金录曰："玉重不浮，且朝廷名器，不宜委之。"投水而死。操江都司彭性述，九江人，五月十九日投水死。侯指挥妹自缢。安庆巡抚都御史张亮，左兵至安庆，出走，北兵执之于六合。过黄河，夜半，跃入水中死。

甲辰，帝被执，靖国公黄得功死之。

得功以御左兵调芜湖，帝幸其营。北兵追帝，而得功前锋马岱已降。得功督兵前进，岱断浮桥，士卒溺死者无算。得功惶急过刘良佐船，不知良佐亦降。中箭不死，遂自刎。得功死而帝北狩。至明年八月，遇害。隆武即位，豫以质宗谥之。得功赠沘水王。

癸卯，马士英以太后至杭州。

刘宗周曰："士英亡国之罪，不必言矣。焉有身为宰相，弃天子，挟母后而逃者？当事既不能正名讨贼，国人曷不立碎其首乎？昔贾似道死于郑虎臣之手，今求一虎臣亦不可得，何怪乎国之倾覆也！"

溧阳诸生谢球建义。

　　球，字石攻，温处兵备道鼎新之子也。建义募兵，归者如市。士卒欲取饷民间，球不许而散。九月，为北兵所执，使之输货，球曰："我大明诸生，岂以货活？"至溧水，杀之。
　　附录：溧水汪氏女，年十四，闻北兵至，投石白湖中死。

六月乙卯，潞王监国于杭州。
甲子，分守台绍道于颖上疏请诛马士英。

　　刘宗周与颖书曰："监国举动，尚无足恃，此等疏即宜朝上夕下，何至四五日全无行止？景泰初，王竑捶杀马顺，而监国规模次第可观，惜无其人耳。今明府立发第二疏，不必候旨，随发三疏，必行其说而后已。即宗社自此丘墟，亦可下见高皇帝于九京。于臣子分义，亦浩然于天地间矣！"

北兵至杭州，监国潞王率群臣以降。

左都御史刘宗周，苏松巡抚右佥都御史祁彪佳，诸生王毓蓍、潘集、周卜年，死节于浙东。

　　宗周，字启东，山阴人，学者称为念台先生。闻潞王降，方进食，即命撤之。越城降，朝于祠堂，出避郭外。诸生秦祖轼上书，以袁闳、文、谢故事解之，答曰："北都之变，可以死，可以无死，以身在削籍也，而事则尚有望于中兴。南都之变，主上自弃其社稷而逃，仆在悬车，尚曰可以死，可以无死，以俟继起者有主也。监国降矣，普天无君臣之义矣，犹曰：吾越为一城一旅乎？而吾越又复降矣。区区老臣尚何之乎？若曰身不在位，不当与城为存亡，独不当与土为存亡乎？故相江万里之所为死也。若少需时日，以待有叠山之征聘而后死。叠山封疆之吏，非大臣比。然安仁之败而不死，终有遗憾。宋亡矣，犹然不死，尚有九十三岁老母在堂，恋恋不决耳。我又何恋乎？今谓可以不死，可以有待而死，随地出脱，终成一贪生畏死之徒而已。"系之辞曰："信国不可为，偷生岂能久？止水与叠山，只争死先后。若云袁夏甫，时地皆非偶。得正而毙焉，庶几全所受。"宗周不食久，渴饮茶一杯，精神顿生，曰："此后勺水不入口矣！"宗周谓门人曰："吾今日自处无错否？"门人曰："虽圣贤处此，不过如是！"宗周曰："吾岂敢望圣贤哉？求不为乱臣贼子而已矣！"或传金华建义，先生宜不死，宗周曰："吾学问千辛万苦，做得一字，汝辈又要我做两字？"闰六月初八日卒。前后绝食者四旬，勺水不入口者十有三日。

彪佳，字虎子，从宗周讲学，北人有书征之。彪佳拜家庙，处分后事，封于箧中。夜半月黑，分庙中之烛，出照水滨，端坐水中而死。家人觉而寻之，烛犹未见跋也。

毓著，字玄趾，闻宗周饿未即死，上书曰："□官俱受，吾辈非复大明黎赤矣！先生早自决，毋为王炎午所笑！"乃作致命篇，手书数十纸。漏下二鼓，携烛独出，遍揭之通衢，赴水于柳桥下。

集，字子翔，与其友刘世鹍约死，相痛饮。世鹍送集赴水，其后世鹍客于清弁。

卜年与集友，亦赴水死。

钱塘知县顾咸建被杀。

咸建，字汉石，昆山人，癸未进士。潞王之降，咸建独弃官而走，北抚追之，及于吴江。令其剃头改冠，咸建曰："不仕以完臣道，不髡以完子道！"朔日杀之，悬其头于鼓楼，一蝇莫集。

行人陆培、邵武同知王道焜，死节于武林。

　　培，字鲲庭，庚辰进士。上书，与其兄圻自缢。
道焜，字昭平，自缢。

临安知县唐自彩被磔。

　　自彩，字西望，四川人。据青山自守，被执。
见北抚直立不跪，左右挽之，终不可。

瑞昌王建义。

　　卢象观，字幼哲，宜兴人也，登癸未进士。北
兵既渡，象观与瑞昌王遇于湖上。时王尚为宗室，
未有封号，乃入于忠肃祠盟誓，起兵茅山。南京人
朱君兆者，尝结其城中豪杰以待变，象观将攻南京，
使君兆为内应，王亦从君兆入城。已而象观遣僧约
君兆某日举火，乃僧之北相所告变，北相戒严，而
自举火以诳象观。象观兵遂薄城下，烧太平门。北
兵出骑蹂躏之，象观大败走，因族君兆家。而王匿
水窦中得逸，复与象观至宜兴半山，稍收士卒，出
攻溧阳。象观中流矢，寻卒。象观死，王不能军，
而广德人方明迎之。

方明，字开子，以海中黛山屯田都司入浙，中道而南都已陷。明素与吴兴豪杰相结，乃还攻广德，破之，军声颇振。王既入方明军，义师复多应之者，于是破孝丰、临安、宁国县、宁国府，而开府于孝丰。隆武皇帝册封瑞昌王，从事诸臣，授官有差。亡何，北帅张天禄由徽州出陷孝丰，王兵散，而明走浙东。其明年，明至长兴，有疑其为奸细者，执至防将郭虎所。乃虎之小卒有曾事明者，见明不觉屈膝。始知为明，斩之。潘文焕，镇江人也。尝佐瑞昌王，王兵散，匿于茅山王家庄民舍。其部曲喜正之镇江买弓，事觉，有司捕正杂治之，正遂言王所。有司使其裨将从正捕王，裨将不欲得王，近王家庄，放炮，欲以惊走王。而王适在田间，正遥见呼之，于是裨将不敢隐，王乃见害。事连文焕，文焕见正啮指而骂曰："吾等生死，何所损益？吾王一日未死，人心一日未散。天下大事，乃为汝鼠子所坏！"奋臂断缚而批其颊。文焕之子哭，文焕曰："我死忠，汝死孝，传至天下后世。若老死牖下，邻里亲戚而外谁知之者！"传至金陵，过叶家渡，题诗壁间，欲屈之不得，被杀。女不食死。

附录：丹阳诸生袁钟，宜兴（以沙壶著名）陈用卿、金坛张景潢、景潮，皆从王死义。

嘉兴建义，以屠象美（翰林）主之。

北兵以大炮击之，城崩，象美从他门出走，士民追象美杀之，复相固守。至闰六月二十八日，始陷，北兵屠之。

吏部尚书徐石麒死节于嘉兴。

石麒，字虞求，闻南都失守，即避之城外。嘉兴建义，石麒犹不入。城将破，石麒曰："吾当归死城中。"二十五日入城，遗笔曰："我生不辰，会当阳九。流氛陡发，龙驭上宾。边燧旋扬，鸾舆继逊。去岁含哀忍死，赴召秉铨。自谓尽忠后皇，即是仰报先帝。岂图归田不久，国难频仍。于野未安，王畿再破。忿都会之摧坏，伤士女之流残。积力销亡，既不能单骑传呼，使异邦之谢过；年齿衰暮，又不能肃清宫禁，致宗社之奠安。惟有决志歼身，见危授命。若得魂骑箕尾，安问魄滞沟涂。下达黄泉，见父无惭于教育；上游碧落，觐帝不愧于裁成。苟无忝于君亲，庶有词于忠孝。以吾郡完毁，为此身存亡。"自经而死。仆祖敏、李成从死。

海宁举人周宗彝建义，兵败死之。

宗彝，字五重，派钱光绣饷，光绣引北兵杀之。

附录：祝渊，字开美，癸酉举人，左都御史刘宗周之弟子也。北兵至，不食。有难之者曰："子以草莽臣而死节，无乃过乎？"渊曰："吾以上书为世指名。夫名之所在，攘臂而争之；害之所在，畏首而避之。此何异市井贩夫之智也？"难者曰："子不从北，亦可逃之释氏乎？"渊曰："释氏独非胡乎？舍彼而从此，则牛羊何择焉？"卒守志而死。或曰时渊已病甚。

总兵陈梧建义平湖，兵败走。

附录：陈铭妻戚氏赴水死。诸生林鸿妻沈氏投水，发浮，北兵出之，大骂被杀。诸生孙锷妻俞氏投水死。诸生俞铎妻为北兵所执，啮兵一指，被杀。

兵部侍郎沈犹龙，兵科给事中陈子龙，下江监军道荆本彻，中书舍人李待问，举人章简、徐孚远，总兵黄蜚、吴志葵，建义松江。

初四日，志葵以吴淞总兵官自海入江寨泖中，过溅湖，攻入苏州。而浏河参将鲁之玙字瑟若者，为其前锋，围北兵于白塔寺，塞门焚之。北兵突围死战，之玙以步抵骑，不敌而死。志葵复还泖，会本彻、蚩，从无锡进太湖，拥船千艘，亦至泖中。犹龙等招募义兵千人，各为战守之备，城守近百日。至八月，乡绅潜通于北，为其后自免之地，人心遂离，降将李成栋攻陷之。犹龙、待问、简，吏部主事夏允彝，华亭县教谕眭明永，举人吴纯如、傅凝之，诸生胡名荃、戴池泓、徐念祖、夏完淳皆死。而蚩、志葵见获，北相杀之。

犹龙，字云升，丙辰进士。

待问，字存我，癸未进士。城破，危坐室中，被害。

简，字次弓，不屈死。

允彝，字彝仲，丁丑进士。自沉而死。绝命词云："少受父训，长荷国恩。尽心报国，矢死忠贞。南都继覆，犹望中兴。中兴望杳，何忍长存？卓哉吾友，虞求广成。勿斋纯如，子才蕴生。愿言从之，握手九京。人孰无死，不泯此心。修身俟死，敬励后人！"子完淳，字存古，亦死。

明永，字嵩年，丹阳人，不肯剃发。八月初三日，书绝命词于明伦堂，曰："明命其永，嵩祝何年？生忝祖父，死依圣贤！"遇害。

念祖，字无念，故相阶之后也。阖室自焚。

附录：陈君秀妻杨氏投河死，蒋敬妻颜氏触刃而死。云间二女：一未嫁，投阁赴水；一新嫁，为北兵所掠，骂不绝口而杀。

苏州少詹事徐汧，诸生顾所建，投水死。

汧，字九一，戊辰进士。所建，字东吴，题诗于壁，投泮水中。

金山卫参将侯承祖守城不下。城陷，死之。

承祖，字怀玉，与其子世禄城守。八月二十日，北兵破之。世禄身被四十矢，不屈死。承祖被执，降之不可，曰："吾祖宗为官二百八十年，今日之死，分内事也。"

附录：张烈女同母嫂匿于生圹中，事觉，北兵号于外曰："出则免若，否则刃将入焉。"母嫂皆出，烈女受刃而死。

通政司左通政侯峒曾建义于嘉定，城破，与其子玄演、玄洁，其友癸未进士黄淳耀，举人张锡眉、龚用圆，诸生马元调、黄渊耀、夏云蛟、唐昌全等，皆死之。

峒曾，字豫瞻。闰六月，北设官至嘉定，峒曾建义旗城守拒之。北兵来攻，亡失甚众。越三日，而城中人有为北应者，城陷。峒曾时在城上，士卒皆曰："吾曾受公厚恩，尚可卫公出走！"峒曾曰："与城存亡，义也！"已而赴水。玄演字几道，玄洁字云居，从之。峒曾曰："吾死义也，夫二子者何为？且有祖母在，不可！"对曰："有玄瀞以奉祖母矣！何忍吾父之独死也！"语未毕，有奴趋告曰："贼至矣！"相挽而没。降将李成栋斩峒曾首，悬之，大掠去，使别将守嘉定。有金生者，夜窃峒曾之首，藏之箧中。峒曾之叔某自野舆棺入收其尸，方敛，闻有哭声自外入者，则金生负箧而至也。

淳耀，字蕴生。城破，避之西方庵，问其从者曰："侯公何若？"曰："死矣！"曰："吾与侯公同事，义不独生！"乃书壁云："读书寡益，学道无成。进不得宣力王朝，退不能洁身远引。耿耿不没，此心而已！大明遗臣黄淳耀自裁于城西僧舍。"其弟渊耀，字伟恭者，谓曰："兄为王臣宜死，然弟亦不愿为□□之民也！"淳耀缢于东，渊耀缢于西。

锡眉，字介祉，守南门。奸民导敌自北门入，峒曾与锡眉登陴而见之。锡眉曰："事急矣，曷各自裁？"峒曾曰："然！一辞家庙，行矣！"锡眉曰：

"我无以返家为也，即别公此所！"解带缢于城楼。峒曾遥视再拜而去。

用圆，字知渊，分守城门，城陷，赴水死。二子从之。

元调，字巽甫，娄坚之门人也。当建义时，元调年七十矣。以所善诸生唐昌全字圣举、夏云蛟字启霖，助调兵食。城破，元调死之。相继者十四人。

兵科给事中时敏奉义阳王建义于常熟，寻败。

附录：诸生项志宁不肯削发而死。

昆山建义，郧阳抚治都御史王永祚主之。

附录：陈氏，北兵掠之，乘间刺杀北兵，自刭。

江阴建义，阎典史主之。

阎某不知何许人也，为江阴典史。北兵渡江，弃官而隐江阴之野。北官至，下教辫发胡服。江阴人不奉教，乃殴北官，杀之，共迎典史。典史曰："今日之事，非有所强于诸人者，诸君其无以生死为计！"江阴人皆曰："诺。"于是收城中粮物器食均用之，离乡聚，皆发伏以待。两月之间，北兵至者，麕于境上。豫王发其鱼皮万余人，使降将刘良佐将之，直薄城下。良佐招降，守陴者噪而诟之。典史乃户赋竹器，盛木绵浸水，夜半潜悬睥睨。北兵用西洋炮击城，铅弹累累入竹器，已而开门搏战，离乡聚伏皆应之，杀鱼皮无存者。豫王大怒，自将以围江阴。典史曰："江阴小邑也，北兵乃围我，我何以逞？"聚江阴人而哭，江阴人各率其妻子至督学署中，闭而焚之。火三日夜不息，北兵疑不敢攻。是时三面皆北兵，截大江，典史与其勇士暮津大江而去。北兵入城，空无人，惊叹者久之。或曰："典史已死于乱兵。"戚磐居城外为犄角，论功独多。城将破，磐曰："吾之所以戮力者，为此城也。当死城中，以成吾志！"乃入城自缢。

夏维新，字灿焉，癸酉举人；王华，字人玉，诸生，城陷皆死。

冯厚敦，字培卿，金坛人也，为江阴儒学训导。城破，冠带坐明伦堂，抽匕首自刎。

徐趋字佩玉，黄毓祺字介子，聚兵竹塘，以应城中。城既破，北使故明淮安道刘景纬令之。趋被执，见之长揖。景纬曰："汝诸生不当跪父母官耶？"趋曰："我方□汝，何为父母汝！汝为大明进士，位至监司，即郡守亦跪汝，今降而为令，且跪郡守，是为□亦不善为□矣！尚欲与诸生争体统乎！"景纬无以应，下狱杀之。毓祺亡命海陵，寓书其所善江小一者，用故时主上所给官印识之，而为小一之客所得。江甚惧祸，遂告变，捕毓祺入狱。狱期将决，其友邓大临告之期。毓祺命取袭衣自敛，趺坐而逝。

通城王建义于长兴。

王号清潮。初，洞庭山民梦洞庭树旗，上书"清潮"二字。已而王至，皆以王之祥也，故从者甚众。葛麟，字苍公，丹阳举人也。八月二十八日，从王战北兵于湖中，持长矛刺五六十人于水，为北兵所目，曰："长而肥者麟也！"聚箭射之，投水而死。

金有镒，长兴人，以总兵再破湖州，兵败死之。

进士吴易建义于太湖。

易，字日生。聚壮士数千人，退居湖中，乘间出杀北兵。道路为梗，北兵大举入湖。易先令士卒之善舟者，杂农民散处湖畔。北兵掠民船千余，即湖畔捕人操之，义兵遂尽操北人之舟，鼓棹而出。至中流，尽弃棹而入水。凿沉其船，北兵歼焉。浙直震动，王上以兵部侍郎命之，封长兴伯。八月二十一日，北兵又大举破其营，而同事诸生沈自驷、自炳、吴福之，皆死之。举人孙兆奎，执至金陵。其明年，易潜至嘉善，有输情于北者，遂为所得。

自驷，字君牧，自炳字君晦，吴江人。初，其兄自徵任侠，知天下有变，造渔船千艘于湖。自徵死而变作，自驷、自炳乃收其船以聚兵，故易得因之而起。

福之，字公祐，武进人，父钟峦。后死舟山之难。

兆奎，字君昌，吴江人。被执，见北相洪承畴而问曰："先帝时有洪承畴者，死于节矣。今汝亦名洪承畴，一人耶，两人耶？"承畴曰："汝莫问其为一人两人，只做汝一人事耳！"斩之。

文乘，字应符，故相震孟之子也。阴与易通，为人告变，题诗曰："三百年前旧姓文，一心报国许谁闻。忠魂今夜归何处，明月滩头吊白云。"遂见害。

右佥都御史金声建义于徽州。

声，字正希，崇祯元年，选入翰林为庶吉士。明年十月，北兵阑入大安口，薄都城，上忧甚。声以新被知遇，乃荐其所知僧申甫为将，即改声御史，监其军。仓猝无兵可用，申甫召募长安中人，得数千，将之。复古车攻之法，阵于卢沟桥。北兵乃绕出其后，御车者惶急，不得转，为北兵斩馘略尽。申甫死，而声黜归田里。马士英调黔兵至凤阳，枉道掠新安，声与其郡推官吴翔凤率乡勇歼之界上。士英与声相讦，天子直声，复翰林。未之官而北都陷。弘光即位，起金都御史，不就。至是起义，北兵攻之，五月不下。降将张天禄从间道袭破之，执声至南都。声门士江天一字文石者，追声及之途。声曰："此何与汝事而来何乎？"曰："天一可同公建义，独不可同公死乎？"当是时，南都改服已久，声与其徒峨冠大带而入，道路聚观。北相欲降声，遣人私语，天一呼曰："先生之千秋在此刻也！"声曰："诺。"牵至清水塘将斩之，声谓行刑者曰："但绝我气，毋断我头！"于是捻须仰面，饮刃而没。天一亦被杀，而声邑人王世德乃自刭。一时死声之旁者六七人，知姓名者二人而已。

隆武皇帝赠声礼部尚书，天一兵部主事。指挥汪秋汉、余公赞守岭南。北兵至，自刭。

中军程士皮、诸生项千里、武举洪二魁皆被获而杀。许伯，字伯辅，阵亡。

推官温璜，字宝忠，乌程人，自刭。

吴应箕，字次尾，贵池人。募一旅以应声，兵溃，逃婺源山中，名捕得之，将戮于市，应箕不可，曰："吾

血不当落尘中。"已至松下，应箕曰："此吾毕命
之所。"有卒拟刃向之，叱曰："吾头岂汝可断！"
一禆将颇敬应箕，应箕拱手谓之曰："以此劳公。"

　　附录：马嘉，字六礼，壬午举人；方国焕，字孔文。
剃发命下，嘉为绝命词，国焕赋诗，皆缢死。

山东巡抚都御史丘祖德，同钱孝廉举义于宁国。

　　祖德，字令修，成都人，起家宁国推官。及为
巡抚，贼至而逃。至是建义。寻败被磔。

　　麻三衡，字孟璇，宣城诸生也。起兵东华阳山，
以应祖德，被执，至金陵。赋诗云："吴越连沙漠，
天人不可留。誓存千丈发，笑看百年头。若水心犹烈，
平原事不酬。西风吹宛句，断送五湖秋。"杀于通
济门外。隆武即位，赠国子监博士。

泾县建义，被屠。

　　赵初浣，字雪度，诸生。以建义被杀。

监城诸生司石磐起义。

　　石磐同鄝都司起义，兵败，执之淮安。北抚命

之跪，不屈，仆之。鄞都司欲脱石磐，曰："此故诸生，吾劫之为书记耳！"石磐大呼曰："公何言之谬也！吾实首事！"下狱六十余日，狂歌痛饮。临刑，大骂而死。

附录：六合诸生马纯仁，字朴公，年十八，不肯剃发。闰六月二十二日，函书付其妹，曰："吾三日不归，以此白之父母。"袖大石投浮桥水中。发函，得铭曰："朝华而冠，夕□而髡。与丧乃心，宁死乃身！明棠处士朴公纯仁。"金坛木工汤士鳌，剃头将及，哭祭祖考，投水死。山东兵部主事王若之不剃头，被获，强之剃。不可，曰："留此发以见先帝耳！"戮之。邳州太学生王台辅，大会亲友永诀，乘牛车出郭，之相山坟所自缢。无锡副总兵何以培，六月十二日，以不受官见杀。

使臣兵部左侍郎左懋第被杀。

懋第，号萝石，莱阳人也。使北，将馆之四夷馆。不可，曰："此中国以之待夷狄者，而以之待中国乎？"乃改馆鸿胪寺。自沧州追还，北欲降之。使其弟懋泰来见，诃之而去。江南下，北谓之曰："汝之所以不降者，江南在耳。今何归而不降乎？"懋第曰："降则何待今日？吾之所以不死者，图反命

耳。今国破，有死而已。"作《沁园春》一阕："忠
臣孝子，两全甚难，其实非难。从夷齐死后，君臣
义薄，纲常扫地，生也徒然。宋有文山，又有叠山，
青史于今万古传。他两人，父兮与母兮，亦称大贤。

嗟哉！人生易尽百年，姓与名，不予人轻贱。
想多少茧愚，稽首游魂，首丘胡服，也掩黄泉。丹
心照简，千秋庙食，松柏耸天风不断。堪叹他，时
穷节乃见，流水高山。"杀之无血，唯白乳满地。

总督金都御史袁继咸被执。

继咸，字临侯，江西人也，总督应安江楚。左
梦庚既降，劫继咸以去。继咸求死不得。八月初四
日，至北都，诸降将朝见，继咸冠服如故，曰："某
是累臣，不是降臣，无入朝礼。"北臣来见，刘学
士曰："弘光立得是否？"曰："神宗诸子，光宗长，
福王次之。毅宗无子，今上为福王长子，伦序甚明。"
刘曰："崇祯未葬，弘光安得遽立？"曰："清朝
所论者，《春秋》之义；明臣急于定策者，社稷之谋。"
刘又言弘光诸不道状，曰："既已为君，即吾君也。
君父之事，非臣子所当言。"刘语塞而去。已令剃头，
继咸曰："弃其生平，虽生何用？"杀之三忠祠前，
明年六月二十六日也。

秋七月庚戌朔。

江西巡抚旷昭迎降，万安知县梁于涘不下。

　　金声桓既降，即为北徇地，驻于九江。昭患之，然不知其为声桓，以为金之俊也。有胥吏邬国本者，以侵粮系狱，自言为之俊旧役，可以招之。昭具金帛，遣国本往，至则始知为声桓也。国本即以金帛迎降，声桓遣使同国本还，国本盛称金兵不可敌。昭大惧，款其来使。国本出而摇惑众心，定迎降之策。昭亡走吉安，而江省变，遂为声桓有矣。

　　于涘，号谷庵，江都人，癸未进士。郡邑皆下，于涘独婴城固守，援绝不支，被执，下南昌狱。五月十三日，作绝命词曰："但知生富贵，谁识死功名。到头成个是，方见古人情。"自缢而死。（东浙、闽中建义，虽俱在闰六月，而此不载者，以事属监国、隆武两《实录》也。此所载，亦有□□所命者，然皆遥命之，非刑赏所加也。）

四王合传

［清］无名氏

四王合传

平西王吴传

吴三桂，字长白，辽东籍，高邮人，提督京营吴襄子也。幼试武举，出华亭董宗伯其昌之门，以父荫得官，历都督指挥，积勋至大总戎。

崇祯十四年，蓟辽总督洪承畴出山海关，会八镇兵于宁远，三桂偕王朴、马科、杨国柱等与我朝兵战于松山关。国柱败没，三桂与朴等俱夜遁。朴被诛而三桂仅镌秩，未几，奉命镇守宁远。三桂年方及壮，勇冠三军，北门锁钥藉以无恐。

十七年春，闯贼李自成由晋入燕，渐逼京师，给事中吴麟徵疏请弃关外边地，速召三桂入卫。陕督余应桂亦上言："闯贼势大，非全力注之不可。请调关东吴三桂及天下雄镇，会师真保之间，并力协剿，庶贼可灭。"廷议以弃地非策，疏请不报。三月，自成破阳和，贼将破真定，京师戒严。始从麟徵弃宁远，封三桂平西伯，飞檄令入关东讨贼。

三桂被命，迁延不即发，简阅步骑，携挈人民，徙五十万众日行数十里。六日，次山海关，而昌平陷矣。二十日，抵丰润，而都城陷矣。三桂闻变，回至关门，顿兵不进，犹豫未有所决。自成闻三桂回师据关，执其父襄，令作书招之，略曰："汝以君恩特简，得专阃任，非真累战功、历深资也。今汝徒饰军容，怯懦观望，使李兵长驱直入，既无批吭捣虚之谋，复乏形格势禁之力。事机已去，天命难回；我君已逝，尔父幸存。呜呼，识时务亦可以知变计矣。今及蚤降，不失通侯之赏，犹全孝子之名。万一徒恃愤骄，全无节制，主客之势既殊，众寡之形不敌，顿甲坚城，一朝歼尽，使尔父无辜，并受屠戮，身名俱丧，臣子俱亏，不大可痛哉！"遣降将唐通赍银四万犒师，并襄手书以往，而别令贼率兵二万守关拒三桂。三桂得书欲降，为书复父，有"国破君亡，儿自当以死报；今我父谆谆以孝字督责，儿自又不得不勉遵严命"等语。适有爱妾陈沅在襄所，为自成夺去，三桂询知大愤，乃遣使乞降于我朝，求兵讨贼。

时九王统兵十余万，四向以观动静。总督洪承畴及三桂舅祖大寿皆在我朝，亲信用事，求发兵助中国。三桂又自潜诣大营，承畴、大寿即引见九王，遂定盟起师。

先是，三桂佯受贼犒师银，而袭杀其守关兵殆尽，贼帅负伤遁归。至是传檄远近，略云："闯贼李自成以

幺麽小丑荡秽神京，日色无光，妖气吐焰，豺狼突于城
关，犬豕踞于朝廷。"又云："弑我帝后，刑我缙绅，
戮我士民，掠我财物。二祖列宗之怨恫，天寿凄风；元
勋懿戚之诛锄，鬼门泣血。"又云："周命未改，汉德
可思。诚志所孚，顺能充逆。义兵所向，一以当千。试
看赤县归心，仍是朱家之正统。"自成闻之大惊，自率
兵六万东行以御三桂，挟太子、二王、吴襄自随，伪将
刘宗敏、李过等皆从。前锋至永平，三桂遇之，十三战
无胜负。及自成大队至，薄三桂营，拔之，至围山海城
数匝，复分兵从关西一片石出口，东突外城，逼关内，
三桂不能敌。

　　九王度势已急，统大兵驰至，英王率二万骑从西水
关入。三桂见九王，剃发称臣，令关内兵悉剃发。迫于
战期，兵不及剃者，裂白布一条，缠缚于身以为别。九
王居后队，三桂为前锋。九王令三桂先与贼战，既而遣
铁骑绕出吴兵之右，以白标布为号，急击贼兵。刘宗
敏负重伤，自成大败，走永平，英王、豫王急令三桂
追之。自成一日夜驰入京师，仍立十二寨于城外。大兵
攻之，连拔八寨，斩首二万级。自成大惧，令伪将上城
巡守，而遣唐通出战，为三桂参将马有威所杀。自成益
窘，乃使使议和。三桂曰："还我太子、二王，而后罢
兵。"自成出太子见三桂，三桂先令守备张成、指挥范
王各率兵一千困贼，旗帜东西设伏，俟太子出，疾击贼

营。又令都司耿士民率大兵为应，以夺太子。自成果中伏，大败。然所夺者非真太子也。自成复令挟吴襄上城以招三桂，三桂射杀左右挟者。自成遂斩襄，悬其首于城上，绑家口三十余人，尽杀之。四月三十日，纵火焚宫殿，弃京城而去。三桂见火起，料贼必西走，戒诸将勿入城救火，分路追贼。及于定州之分水河下岸，贼将谷大成勒马迎战，为三桂所斩；军士研左光先马，光先坠，伤一足。自成复大败走。三桂在定州以贼将首级遥祭其父，将夺回金银散给将士，三军感悦。闻自成屯兵真定，与辽东巡抚黎玉田合兵追及之。自成屡败而愤，复勒精骑迎击三桂，三桂张二翼以进，斩伪将三人，首万级。自成复益兵搏战，率诸贼帅直逼营前，大骂："今日决一死战，勿令外国来助，乃为豪杰耳。"三桂分兵迭战，自辰至酉，互有杀伤。会东风大作，黄沙蔽日，贼营旗倒马蹶，自成急收兵。三桂射之中胁，遂拔营西遁，度固原，入山西。三桂乃还军京师。

时九王已定燕京，奉命摄政，以三桂有大功，晋爵平西亲王。南京福藩僭立，以三桂讨贼复仇，晋爵蓟国公，世袭；父襄为辽国公，母祖氏辽国夫人。遣使臣沈廷扬海运米十万、银五万犒之。三桂勿受。八月，复遣使臣左懋第、陈洪范赍银币谢我朝，并劳三桂。懋第至谒三桂，出银币，且致福藩意，三桂谢曰："时势至此，我何敢受赐。惟有闭门束甲，以俟后命耳。"懋第被羁北京，洪范南还，始知本朝渡江之志。时自成适至平阳，发兵守隘。摄政王命三桂统大兵追贼入山西，自成数战不胜，遂走西安。

明年春，三桂复率兵西伐，自成合数十万悉力而战。三桂率铁骑冲阵，所向披靡，斩首数万，贼众大溃，自成遂出武关，南走荆襄。大兵既定三秦，复追贼入楚。自成走，死罗公山，其众降于何腾蛟，闯贼遂灭。

顺治七年庚寅，是时余逆未靖，桂王僭号永历，黔滇蜀粤之间犹阻声教。世祖命三桂及定南王孔有德、平南王尚可喜、嗣靖南王耿继茂统兵南下，以清宇内。三桂由秦入蜀，郡邑皆迎附。

九年，永历走安隆，张献忠余党孙可望以兵迎之，遂遣伪将刘文秀、王复臣收复四川。文秀善抚，士卒多乐为死，蜀人闻其至，所在响应，重庆、叙州诸郡邑为三桂所克者次第失陷。三桂迎战辄不利，乃敛军退守保宁。文秀蹑其后，惟恐失敌，复臣谏曰："三桂劲敌也，且我军骄矣，以骄军当劲敌，能无失乎？"不听。至保宁，入谏曰："毋围城，围则兵分力弱，师老则溃。"文秀曰："三桂坐守孤城，计日可下。将军何怯甚也？"令张先璧军西南。先璧骁将，号枭神，军容耀日，然勇而轻敌。三桂巡城至西南，曰："是可袭而破也。"乃开门出精骑犯其垒，果惊溃。战而南至复臣营，营为乱军所扰，又阻以水势，遂不支，三桂乘胜合击。复臣手斩数人，围者益众，乃曰："大丈夫不能生擒名王，岂可为敌所辱。"遂自刎。文秀解围去，三桂按兵不追，曰："平生未见如此恶战，特遗一着耳。令如复臣言，我军休矣。"文秀既败退，三桂益统兵进，四川遂平。

十五年戊戌，大兵三路入滇，经略洪承畴由贵州大路取云南，与伪将李定国相距于曲靖，征南将军赵布太由广西至黄草坝而入，三桂则由四川至遵义水西以取滇省。永历走永昌，遂遁至阿瓦。以荡平功，上命三桂总统全师镇守云南，而经略及将军、贝勒等俱复命。

始，三桂西征，留长子于京师，以固朝廷意。其子宠眷有加，旋尚主为额驸，恩礼优渥，亚于亲王、贝勒。而三桂包藏祸心，日伺端以动。世祖宾天，三桂入临，虑廷议见留，乃提兵远道络绎启行，三桂未至，前驱在燕者人马塞途，居民走匿。朝廷恐其有变，令于京城外搭厂设祭。三桂哭临，成礼而去。吏、兵二部选用文武官，三桂欲市恩于人，每以藩府龙凤王批咨部曰：某为某守令，某为某参游。虽部选以定例，必撤回而用藩府所咨选者，号曰西选。西选之官几满天下，所选莅任，督抚大吏亦改容加礼，惟恐得罪藩府也。三桂自讨闯平藩以来，幕府故旧散亡殆尽，乃择诸将子弟及四方宾客资性颖敏者，授以黄石素书、武侯阵法，以备将帅之选，一时少年浮夸之士，人人自以为大将材也。所收士卒又皆孙可望、李定国、张献忠之劲旅，故部下多勇健善斗。镇滇据守，战马渐倒毙，而川马力弱难以临阵，三桂密谕养子陕西总镇王屏藩、王辅臣等，选西马之勇健者，岁进三千匹，皆从西番绕道至滇。兵火之后，在在凋敝，所征财不足以充府藏，因招徕商旅，资以藩本，使广贸易殖货财以给军需，又以辽地产参，利尽四海，而连、附独出蜀巴，因严私来之禁，设官监之，官收其直而鬻于市，犯者至死。当是时，三桂自以滇中形势南扼黔粤、西控秦陇，财用富饶，兵革坚利，且治军严整，号令肃然，战功之宜无不毕具。乃复伪恭敬虚怀延纳，由是将士乐为之用，民心亦翕然归附，强藩雄镇，咸受其笼络，其不轨之志，固不待知者而后知也。

康熙十一年秋，上以三桂逆谋渐著，欲先发制之，以其乞师入关有功社稷，不欲显正其罪，特命三桂移镇关东，予以世职，盖欲消其逆志以功名善终也。诏至，云南全藩震动，反谋益急，然恐举兵滇蜀，所在阻隘，不能前进，谋至中原据腹心以制指臂，长驱北向可以逞志，乃拜受诏命。待使者益谨，而阴部勒将吏。使者不知狡谋，乃日以上命促之，督责过深，颇形凌辱，其将吏始请改期，继请缓行，皆持不可。三桂欲反，恐其下不从，乃设宴，大会诸将，酒三行，起而叹曰："老夫与诸君共事垂三十年，今四海升平，无所用吾辈。行且远矣，未知圣意所在，且尽今日欢，与诸君叙故，未识异日复相见否。"诸将闻言皆泣下。时有十三太保者，皆部下都统佐领官，三桂寄其心膂，令将强兵护藩府。至是皆喻意，约期待变。越两日，使者促益急，三桂下教场会诸将曰："行期迫矣，朝廷之严谴不可逃也。若使臣之驱策老夫，不意至此。诸君行矣，无徒受使臣辱也。"诸将怒曰："行即行矣，何相逼为？"三桂复慰之曰："朝命也，诚不可缓。但诸君得处此土，以有其家，以享富贵之赐，愿诸君思之。"诸将皆稽首曰："徼殿下之福。"曰："非也。"诸将曰："然则君上之恩。"曰："是已，未尽然也。昔我受先朝厚恩，待罪东陲，值闯贼构乱，卫神京计不能两全，乃乞师本朝，以复君父大仇，继平滇蜀，得栖息于此。今日之富贵，皆先朝余荫耳。故君之陵寝在焉，可无别乎？"先是，辛丑冬，三桂兵临阿瓦，檄取永历以归，经死昆阳府治，殓其遗骸，藁葬府城外，故云尔。诸将皆拜听命，于是卜日谒陵。先期复集诸将，谓之曰："别故君，当以故君之衣服见。"指其首曰："我先朝曾有此冠乎？"指其身曰："我先朝曾有此衣乎？老臣且易服以祭，诸君其预图之。"诸将皆曰："诺。"乃下令三军择某日启行，趣使臣先发。至日，各具汉官威仪，集陵下。三桂易方巾素服，酹酒，三呼再拜，恸哭伏地不能起。三军皆哭，声震如雷，人怀异志。盖至是，而三桂之反谋成矣。将行，复下檄属将吏曰："老夫耄矣，行且戍边，惟是戎伍之事不可以不习，明晨当于郊外大阅，后期者按以军法。"向晓鸣鼓角，整队伍，军容肃然。三桂披甲上马，扬鞭疾驰，发三矢皆中的，长枪大剑画戟雕戈罗列左右，每驰马一回，即于马上接一器，运之风驰雨骤，英武绝人。其意欲以力诎众心也。癸丑，三桂就道，命前队先行，自拥大军殿后。日行三十里，行数日，即称疾不起，抚臣驱之急，使者日三四辈至榻前，辞益峻，色益严，三桂坚卧不起。诸将数来问疾，劝进药饵，不听，故以言激之曰："我病在心，岂药石所能愈乎？想昔者披坚执锐，身经百战，开拓疆宇，有大勋于王室，章皇帝不以老臣为不肖，锡以藩封，载在盟府。今抚臣一外吏，相凌乃尔，一旦入国门付廷尉，我岂有生路耶？"诸将闻言，果忿忿而出，军士裹甲露刃，矢在弦，马塞道，风动尘生，日色惨淡，居民皆骇走。袭杀抚臣，持其首见三桂。三桂顿足失声，以头抢地曰："尔辈杀我！尔辈杀我！我三百口死不旋踵，即尔辈亦且族矣。"诸将大呼曰："惟有反耳，反耳！"三桂大喜，霍然而起，即部署诸将囚执二使，以抚首祭旗纛。其妻闻变，哭而出曰："杀吾儿矣。"以长子尚主留京为质故也。三桂不顾，传檄四方，前队在荆楚者皆举兵反。奉使笔帖式王新命乘间得脱，疾驰五昼夜至京师，赴兵部告变，至则以手抱柱，目上视，气厥不能出声。堂吏见状，知有异急，以汤灌之，半日始苏，乃大言曰："三桂反矣，抚臣被杀，使臣见执矣。"举朝震动。

贵州提督李本深，张献忠勇将也，从孙可望入京，后镇黔中，阴与三桂往来，至是遂从之反，发兵守险，声势甚大。贵抚曹申以片纸书"三桂造反，本深作乱"，纳之函，插双羽，驰告湖广总督蔡毓荣，所在戒严。陕西提督王辅臣闻三桂反，即欲举兵为应，因宁羌告警，以请饷不给激怒军士，即回秦州，据平凉以叛，诱我巩昌游击袁成栋、协防阶文岷洮参将潘瑀、临洮游击曾文耀、兰州游击董正己，遣赵、陈两伪总兵进屯巩昌，攻陷河东诸州郡。三桂以辅臣为伪镇西大将军。

陕西总镇王屏藩与辅臣俱受伪谕伪印，密相联结。闻辅臣叛逆，发兵以守城隘，以应吴逆入秦之师为西道主。三桂以屏藩为伪将军。时有欲求先朝后裔以系人望者，有欲渡河渡江全师北向者；或劝下九江，扼长淮，以绝南北运道，或劝据关东、巴蜀，塞殽函以自固。三桂皆不从。甫至湖南，遽僭大号，改常德府治为行宫，易黄瓦不及，以漆黝之，筑坛衡山下，告即位于上帝，建国大周，改元利用。复于山下结席厂万间，为受朝之地，文武以次称贺舞蹈未毕，大风忽起，席厂卷入云中，俄而骤雨如注，逆党草草卒事。识者早知其不克终矣。

于是三桂以其婿胡国柱为伪亲军、金吾卫大将军、文华殿大学士，令其将马宝镇守成都府，控扼滇黔以通饷道。宝本李定国将，王师定滇，降于三桂。仪表魁奇，骁勇绝伦，每战必饮，醉眼赤，操鞭马入阵，所向披靡，归则两手凝血，沃以沸水，所持械始脱。以夏国相为伪将军、金吾卫将军、武英殿大学士，与其将李本深攻陷湖南诸郡，规图进取。以其侄吴之茂为伪西蜀大将军，与屏藩、辅臣合兵，下甘肃，破临巩，驻师陇右，谋据关中，与我定西大将军多罗贝勒、巡抚华善、靖逆将军张勇、提督王进宝相持于武关。三关诸将惟屏藩最善用兵，每出偏师，绝粮道，断驿站，以隔燕秦音耗，散布流言，煽动三秦，我军数为所困。以其侄吴世宾为伪亲军、金吾卫大将军，率兵下广西，降我嗣定南王孙延龄、广西提督马雄。三桂封延龄为伪临江王，授雄伪东路都总管，与其将马承荫率兵下广东，降我平南王尚之信，俾仍掌藩事；授藩下都统王国栋为伪辅翼将军，协守广东。复遣使福建，招靖南王耿精忠，至台湾招郑成功子经，使各起兵侵扰闽粤，以分我军势。精忠、经皆通款于三桂。其时，本朝之将大军镇守岳州与吴逆相持者，为川湖总督蔡毓荣；将绿旗兵与督臣协守三楚者，为江南水师提督杨捷；统满兵与提臣为犄角以绕吴师者，为大将军赖塔；奉命招抚楚蜀以辑宁军民者，为大将军公图海；总统诸师拥重兵为南北声援者，则顺承郡王也。

　　当三桂起滇南，窥荆楚，本深应于黔，精忠叛于闽，之信、延龄扰于粤，巴蜀旋破，岳鄂告急，王辅臣据平固，下陇右，王屏藩出阳平关，图凤翔，人心摇摇，当官无固守志，天下事几不可问矣。幸天夺其魄，迫洞庭而不即渡，得剑南而不能守，仅徘徊衡湘间，此乃天命，非人力也。又三桂初发难时，洛邑顽民犹思禄父，故讹言煽动，所在响应，耿、尚二王及台湾郑氏皆通使往交。及闻其南面自尊，建号、改元、设官、置历，由是天下解体，角材而立者皆思有以之矣。自癸丑军兴滇蜀之间，屡岁不登，米一石价六两，盐价三四两钱一斤，军需孔殷，则加税田亩，地下额征亩至五六钱，征催严迫，怨声四起，故所破州县旋得旋失。加税不足，又于云南丽江等处凿山开矿，采取金银，目役苗夷万人，土司多忿怨。而三桂穷极奢欲，爱妾陈沅自收京时仍觅得之，携之入蜀入滇，宠以专房，昼夜声色自娱，不理军事，胁从之众日引领以望王师之至。

　　十六年丁巳，大兵定浙，东下入闽入两粤。精忠、之信旋皆反正；延龄为马雄所轧，谋背吴，事泄被杀；郑氏亦退岛中。闽粤既定，三桂之势益孤，王师无东顾忧，遂并力西向。王辅臣据守平凉，与张勇等相持三载，辅臣承伪旨屡以王爵饵勇，遣伪守备陈旺持伪谕伪印并吴之茂密书至，勇即遣子云翼从口外入京奏闻，与陕西提臣王进宝、孙思克进攻益力，河东州郡渐次恢复。辅臣势蹙，遂率平凉、庆阳、固原诸州郡以降。大军乘势谋取汉中、兴安，分兵五路，屡有杀获。三桂渐老耄，援秦之师不继，所得州县以次仍失。屏藩、之茂据阳平关为平凉声援，辅臣既降，屏藩力益弱，屡为大军所挫，后战败自刎死，之茂遁入成都。秦省荡平，王师遂由陇入蜀。夏国相与李本深规取楚地，与我督臣提臣满师等军隔洞庭湖扎营，湖中飞矢雨炮，昼夜不绝，国相等不能进取，士气渐沮。顺承郡王遣大臣赍书三桂，三桂不从。

明年戊午，王师四集湖南，故土奄然还定。时三桂已退守成都，本深见势不支，谋复归顺，大将军公图海遣使谕以威福，遂降。国相西遁。三桂抗命，藉苗兵为助，所为标枪，发无不中，得数十苗兵扼险而守，百万之众莫可谁何，至是皆遁归。胡国柱为逆藩额驸，有纨绮习，每出师，一切服用玩好、奇花怪石、棐几湘帘、茶铛博具悉载以行，军垒未定，先为经营，日以诗酒自娱，不以军事为意。及王师压境，国势日逼，国柱密谋急归顺，有谋士争之曰："王以大任属将军，将军足一动，则黔中断左臂，滇南援绝，荆楚解体，王之全局俱败。且将军今日降，明日诛矣。与其降而死，不若力战而死。"国柱意已决，不听。马宝亦力争不得，乃驰告三桂。值中秋，三桂方拥歌姬与嬖陈沅临轩玩月，忽国柱变闻，大呼曰："吾事去矣。"即气噎仆地，遽绝。

左右姬妾莫不惶骇，救之不复醒矣。三桂死，夏国相等扶其孙世璠于枢前嗣立，筑园寝于成都，皆僭溢逾制。后大兵破蜀，发其冢，粉其骨为尘，无余骼焉。三桂构逆凡五年，年七十有五，嗣孙世璠僭号云南，改元洪化，以五华山宫为宫城。昔伪永历筑宫五华，三桂益广其址，缭以重垣，俯以杰阁，极土木之盛。至是遂驻军焉。拜伪大学士夏国相上柱国左丞相，府宫机宜咸咨询之；拜伪将军马宝为元帅，专司阃外。

先是，靖逆侯张勇密奏捣巢之策，上命议政，亲王会议未报。至是命大将军多罗贝勒、大将军公图海从贵州大路驻军曲靖，而平南将军赖塔率平闽粤之师，由广西入滇，屯黄草坝，会军进讨。云南大震。自粤入滇有石门道之险，两山蠹立，中通车马，一人守隘，万夫莫窥，平南兵至，夺于先声，守兵皆撤营遁归，大军过险，众志始定。吴军于要路连接营寨以拒我师。一夕传言关神显圣，敌疑我军劫寨，自相杀，天明始散，遗尸盔甲无算。吴军恃苗兵铁枪，发必洞腋，我军以鸟枪制之，团牌十、伏枪百，火至齐发，苗兵多死。是时吴军于石虎关口筑炮台二座，台前饬田百顷，凿池为溇，时值播种，上插青秧以陷马足。我军侦知，传令军士各备泥一斗、竹梯十乘，迁道至关下，先以泥实地，乃附竹梯蚁登，矢石雨下，尸与台等。登攻至第六次，吴军不支，悉远遁，我军反据其上，开大炮，击之死者万数。

马宝将大兵居外，我抚远大将军公图海遣使赍金币至其营，谕以朝廷威福，宝惑于利，心动。复纵反间，谓宝将拥众入城，谋不利于孺子。世璠颇信之，军粮调遣每不如其所请，宝众进退维谷。图公以爱子为质，诱令释甲归顺，遂信之来降，以兵卫入京。上欲原之，迫于言者，与耿精忠同磔于市。死之日，天鼓鸣，日无光，愁云四合，宝谓行刑者曰："我将归天也。"体无寸肤，面不改色。宝死，图公子亦被醢焉。宝临阵，所过必冲一血路，满兵死者凡数万，临刑，八旗军士云集，争市其肉，归以祭殁于王事者。

二十年春二月，平南大将军候平西大将军至，会议进剿。四月，大军集云南城下，诸将数请攻城，大将军不许，曰："军士冒矢石，触锋刃，裹剑走万里，得至于此。今遗孽喘息昆明，谅无他虞。我按兵不动，晓以大义，必有起而为变者，何忍令我军士复填此坚城下乎？"遂撤攻具，筑长围以困之。会城外接昆明池，池内横以巨筏，上设楼橹，与大军为犄角势，以防奔逸。城中樵苏不通者阅月，数出锐卒攻击营寨，我军坚壁不动，兵势益绌。伪丞相夏国相虑其党谋变，悉移诸将家口屯五华山宫城，凡伪僚府署亦移宫城左右，分门守御，以示必死。秋九月，巡守南门伪总管献城，约举火为内应。我大军会讯得实，传令三军五方齐进。至夜，伪政府火起，我军衔枚至南城下，门启，师遂入。夏国相知有变，趋至宫城，号哭而言曰："吾闻守社稷者死社稷，王无自辱。"迫世璠自缢，并杀宫妾数人，归杀其妻子，遂自杀。比明，大将军统全师入城，云南平。诸将以城中百姓为逆死守，照律应屠，大将军曰："滇民不幸为吴逆诱胁，死于兵役者半，死于饥荒者半，天兵吊伐，民困稍苏，残黎有几，忍复杀之乎？宜仰体圣朝一视同仁至意，暂缓斧钺之诛，候旨定夺。"寻邀大赦，与民更生，滇民大悦。初，三桂僭号衡州，衡山岳庙有白龟大如钱，多灵异，三桂志希神器，卜日诣庙，供天下舆图于神座前，默视龟。龟所向蹒跚行走，不出长沙衡水间，已复从贵州之云南而止。再三虔祷，白龟三复如之，三桂君臣相顾失色。后果如所卜。

靖南王耿传

耿仲明，字云台，先世山东人，徙辽东益州卫。为皮岛毛文龙养孙，名有杰。生而面深墨，手掌洁白如玉，躯干伟长，骁勇喜战，文龙倚为心膂，官至参将。

明怀宗改元，起前辽东巡抚袁崇焕为督师，赐尚方剑，得便宜行事。崇焕故与文龙不相能，至是复忌其功，檄召至军中议事，语不合，即出尚方剑斩之。一军皆哗。崇焕恐生变，奏罢江东帅府，散其徒众，令仲明及岛将孔有德隶山东巡抚孙元化麾下。会御东师出兵，而饷不至，仲明顾有德叹曰："大将军要合义旅，跋涉荒陬，出万死以复疆宇，而卒以冤死。我与若直几上肉耳，可郁郁久居此乎？"有德然之，遂率兵归本朝。仲明亦率其众七千来归。崇德元年，封怀顺王。复从世祖入关，定天下，改封靖南王。

顺治四年丁亥，永明王由榔僭号永历，据有两粤滇黔。上命仲明及定南王孔有德、平南王尚可喜统兵下湖南，袭永历于武冈。永历走柳州，获伪安国公刘承胤，杀之，湖南平。

六年己丑，复同有德、可喜率兵下两粤，行至吉安，仲明卒于军中，子继茂袭封藩爵。十二月，继茂与可喜入广东，而有德入广西。继茂等进攻广州，羊城三面临水，伪将杜永和、李建捷等悉力拒守，不克拔。攻围至十阅月，伪偏将范承恩纳降，为内应，城始破。永和走琼州，建捷走肇庆。建捷后与其兄元胤共收高雷，欲迎永历入海，为土兵所获。执之继茂营，劝之降，不应，令之作书招永和，不从，遂杀之。是冬，有德亦克桂林。明年，浔州镇将陈邦傅来降，杜永和亦降于继茂，两粤渐平。

九年壬辰，永历遁入安隆，其臣李定国谬以恢复为名，所在蜂起，桂林寻陷，有德自焚死，粤中震动。上命平、靖两王同镇广州，以靖余孽。一府两藩，供应浩繁，藩府使命络绎旁午，役县令如奴隶，视百姓如草芥。后科臣上言两藩并建诸所未便状。会海寇郑成功进掠漳泉诸郡，遂移继茂镇守八闽，开府福州。

康熙元年，郑成功死，子经嗣立，台湾多故。继茂同总督李率泰遣人招谕经，经请如朝鲜事例，不报。知经终无归化意，因纠合红毛岛夷令乘间进袭台湾。十月，继茂同率泰、满帅某公合红夷出泉州，提督马得功出同安，黄梧、施琅出漳州，克期进讨。经将周全斌军溃，退守铜山，继茂等遂拔厦门、金门二镇，屠之。继茂寻卒，子精忠嗣。精忠气岸魁伟，生有异表，少长宫台，不知祖父缔造大勋，继位后，日与宵小为伍，群不逞之徒复煽以欺谋。因谶纬所载有"天子分身火耳"之谣，谓火耳者耿也，天下有故，据八闽以图进取可以得志，劝令部署将士以待时变。

十二年癸丑，云南吴三桂叛，以书招精忠，遂举福建以应之，执总督范承谟，置之狱。承谟被拘二载，矢志不屈，及王师破仙霞岭，遂遇害。精忠反，自称统总天下兵马上将军，以弟侄为左右大将军，统领五军。五军设五都督、五都尉、五副都尉，其下设偏将军，有开远将军、平远将军等号。曾养性为左军都督。养性最善用兵，从东路出，定福宁州，破温、台、处等府。白显忠为后军都督。显忠本旗人。范时荣为副都尉，王镐为开远将军，破江西、广信、饶州。马九玉为骁骑将军，同江元勋出仙霞岭，破金华、衢州。有罗将军者破岩州、徽州。时承平日久，民不知兵，一闻精忠兵至，守者或降或遁，故所向皆捷。浙之将军为图赖，巡抚为田逢吉，总督为李之芳，及报至，赖瘫软不能起，时称"抬不动将军"，逢吉顿足不止，称"跌脚巡抚"，之芳闻变掀髯不已，称"捻须总督"。一时烽烟四起，羽书踵至，之芳疾驰至衢州，城中已空，方为捍御，想捻须时已定讨贼立功之志。

征福建、浙江者为和硕康亲王，以十三年驻师金华，参赞军机者为内院学士墨白、大臣纪振疆，提大兵相持江上者为平南将军赖塔，督理大军粮饷者户部侍郎达都。大兵俱集衢州，州带山环水。江之南九龙山为九玉所据，江之北姜家洞众岭为满汉大军所屯，将军赖塔与总督李之芳划江而守。十四年八月十五夜，九玉潜引兵劫寨，杀伤甚众，得志而去。

明年丙辰八月十三日，康亲王至衢，十四日亲临江上，相视九玉营垒，密谕随征福建左总镇兵刘显芳、满洲副都统胡图乘夜出兵。十五日黄昏，望九龙山而进，适九玉复遣军劫寨，遇于渡江时，两军相值，彼此莫辨，我军开大炮击之，九玉军遽退。初九，九玉立营在九龙山顶，山下密布梅花桩以阻我师。其出兵仅开一径，鱼贯而行，兵出关随闭。及遇我师，猝不能归，皆散处山下，进不能越江以劫我，退不能归营以自守。显芳驱众力战，连发大炮击其兵，一时精锐俱尽。九玉知事不济，亦于山顶开炮，山高炮远，反越江而去，我师无受伤者。十六日，显芳率骑直抵其垒以觇动静，知伪军已夺气，即于是夜乘虚而进，纵火焚其寨。九玉遂不支，仅以五十骑遁归常山。康亲王率大军继之，尽降其众。乘胜直抵仙霞岭，守者遂开关纳。时伪后军都督白显忠顿兵广信，王虑其前后夹攻，因留守建阳，而自率大军竟进。显忠移檄至，声言会兵十七万齐进建阳。守者大惧，议欲求援于大军，而大军已发，势不可回。有嫏邑陆孔昭在建阳倡议往抚，众即推孔昭夜往，遂策五骑，持康亲王谕帖至崇安，见显忠之副将范时荣、王镐等，谕以祸福，众皆听命。时显忠据崇安关，为八闽九江之声援，凡禀命以往者，恐其摇动军心，至即杀之以坚众志。闻孔昭至，即遣飞骑来追，而范、王已授意从间道归矣。范、王既降，显忠势益孤弱，孔昭复禀命以行，许以不死，不得已亦降。精忠所恃，惟马九玉、白显忠、曾养性三人，九玉既败，显忠复降，养性所破，王师渐次克复，而台湾郑经复纳其降将乘虚袭闽，精忠忧愤不知所出。初，经使人借漳、泉二府，精忠不许，耿郑始恶。经遣将取同安，伪守将张学尧降。海澄总兵赵得胜亦不附精忠，率众降经。王师围潮州，精忠不能救，伪总兵刘进忠亦以州降。后汀州伪守将刘应麟、兴化伪守将马成龙、邵武伪守将杨德相继降，精忠故封尽入郑氏。而康亲王自提大兵压垒而阵，且以军帖谕之，劝令归化，许仍袭旧封。精忠以郑经日逼而王师压境，知势已去，遂降。上以台湾未平，俾仍统其部曲。

十七年九月，精忠从浙闽总督姚启圣、宁海将军喇哈达、都统穆黑林、平南将军赖塔等进剿台湾，经伪将刘国轩率二十一镇兵与王师战于龙虎山。都统胡兔先合不利，启圣援之，亦溃。精忠故仇郑，亲督阵，斩退者三人，众始定，援枪大呼而入，平南继之，破营十六。国轩泅水遁，经退入台湾，浙闽平。精忠降后，郁郁不得志，复萌不轨之志，上于是讨其叛逆之罪，俘至京师，与吴三桂将马宝同磔于市。

平南王尚传

尚可喜，辽东人毛文龙养为孙，名毛永喜。勇而善谋，官游击。文龙被害，率亲兵五百自岛中归于大清，封智顺王。佐定天下，改封平南王。顺治四年，同定南王孔有德、靖南王耿仲明及噶喇赖其焦奈蓝拜平湖南，所至克捷。六年，复同嗣靖南王耿继茂平广东，广东底定，遂命镇守其地，开府广州。有子女一百三十余人，长即安达公尚之信，次即平南将军尚之孝。可喜自以马上得功名，始终不延师教其子，故之信等多骄纵不法。

之信初留京师，历被两朝恩宠，康熙六七年间归藩。不得父志，酗酒嗜杀，所为多不道，深宫静夜无以解醒，即抽佩刀刺其侍者，虽宠爱勿惜也。喜畜犬，筑房设监，出必塞途，居民辟易。尝怒一监，左右割肉啖犬，肉尽而止。王之宫监传命至，见其腹大，曰："此中必有奇货。"即刳刀于腹而毙。尝缚王之堂官王化，暴烈日中，自辰至酉，百规莫脱。王知之，呼之信至，予杖三十，而凶恶益甚。浙人金光，字公绚，多智，数从王入关，后定楚蜀，多与密议，乘间言于王曰："安达公刚而多虐，勇而寡仁，若以嗣位，必不利于社稷。请废之，而立之孝。"王深然之，然终犹豫未决。光恐谋泄，反曲事之，凡凿山开矿、煮海鬻盐，无不穷极其利，于是平南之富甲于天下，而光之橐亦充然矣。后台湾郑经下东莞，守将赵天元、谢厥扶以舟师迎降，乘势欲袭广东。之信与父计，杀光以谢郑，曰："向之抗衡上国者，皆光之为也。"

十二年癸丑，诏撤三藩，户部尚书梁清标、郎中何嘉祐，奉使广东，撤平南藩兵。至则可喜拜诏如仪，主客无一言。逮夜，环帐房馆垣皆露刃注矢，鼓三下，闻甲马声，嘉祐大惊，即起叩尚书何事，耳语移时出，秉烛草疏，鼓未绝，而疏已具。诘旦，可喜率之信及诸统领诣使馆，齐声称启行艰难，愿守广中以报效，大夫毋贻后悔。尚书遽起，拄司宾口曰："止拜，诏尚未竟，而遽言起行，何谓也？吾陛辞时，上密谕使臣，谓王劳苦异诸藩，当永镇南疆。而昨以通谕不可异，故俟兹密宣。今所撤，独平西藩耳。王未行也，而曰启行，何也？"可喜等各错愕，各相视曰："可信乎？"尚书探怀中疏与之曰："此复疏也。"可喜及诸将传视毕，尚书曰："我已宣谕毕，可以复矣。"叱具案鼓乐，遂拜，使使负疏行。可喜等色始平，率诸将诣谢，之信徘徊未肯前，可喜啮其指曰："几负圣朝。"欢宴三日而去。

越四日而三桂之反闻至矣，可喜以之信凶恶不悛，恐终贻后悔，具疏请于朝，以次子之孝为嗣，而自归老辽东，以尽余年。章未下而三桂兵至，之信遂幽其父，发兵从三桂反。可喜闻变涕泣，悔不早从金光言。不数日，遽殁，遗命以本朝冠服殓。

上以之信从逆，削其藩爵，之孝不从兄叛，拜平南将军。之信初附三桂，复与郑经通，俱不相能，旋归顺本朝，从莽将军征吴逆。伪将马承荫等于广西复拜之信孝宣议将军，征江西、福建耿逆余兵之未靖者。时方多故，而尚氏有大勋，故朝廷以大度用之。丁丑五月，宽之信从逆之罪，命承袭父爵为平南亲王，率兵讨孙延龄，驻兵宣武县。

有藩下人张伯全者、张士选者，素不悦于之信，忽召伯全至军，伯全惧，密约士选入京告变，谓之信心怀怨望，放言讪上。士选本之孝私人，之孝欲袭藩位，构难多端，告变之举所由来也。王国栋者，旗下逃人，之信爱之，倚为心腹，其主人奉使至粤，见国栋，索重赐不得，归告督部，赎以十万金，位至都统。沈上达者，江南优童也，之信嬖之，授以藩府家政，大小事咸取决也。王府护卫张祯祥为之信所任，宠无与埒。三人素党之信，之孝谋去其兄，三人反附之，构之信罪，发其征马承荫时与莽将军不协，以炮击大营，谋杀莽将军，意在复反，与伯全等共证成之。上命侍郎宣昌阿等按问。

时藩府悉隶王国栋，国栋方与粤抚金俊交欢，俊授意国栋，偕尚之璋之广西军中。之信闻诏，解王印还广州待罪，羁留五仙门，地方官设兵严卫内外，音耗不通。母万福金与其弟若子日夕涕泣，不知所为。而国栋为藩下都统，全藩在掌握，乘之信被羁，凌虐尚氏，夺其权，收其重赀。尚氏子弟积不能平，思所以报之矣。李天植，藩下总兵也，密与府中议曰："国栋与我辈同起厮养，沐恩日久，位至固山。先王所以待之者不为不厚矣。安达公通款伪周，曾无一言谏阻，亦授辅翼将军之秩。今公已反袭正封，宵小构谗，至见羁执，不能剖肝沥胆，力白其诬，反欲卖主以求富贵。先王壤土未干，而使全家骨肉危如累卵，国栋之肉其足食乎？不若诱而杀之，庶足慰在天之灵，而舒合门之愤。"乃伏武士于西廊，传尚太夫人命，驰召国栋。方入见，语不逊，即缚之，之信手剜其目，天植同尚之节等寸磔之。国栋家人奔告金抚，捕同谋诸人，皆无讳词，抚以状闻。天植坐谋反死，同死者一百八人，天植妻舒氏驱二女及侍妾自尽，然后自刎死。十九年八月十七日，之信赐死于府学之名宦祠，粉其骨，扬灰焉，兄弟同死者三人。沈上达家人钟姓者拾其遗骸余骼，瘗西园报资寺。之孝及宗族之产皆没入官，家人发旗下为奴。平南四十年积聚所得外洋币帛以百万计，其入官仅十之一，上达等蚕食之，余尽归抚臣私橐，而发难之之孝不得过而问焉。抚臣意犹未足，欲并上达之所有，许以具题免其为奴，迨上达金尽，乃遣入京。上达有怨言，谓将白其事于上。抚臣惧得罪，中道追回，令有司严鞫之，以三千金买狱吏，五百金买狱卒，杀之以灭口。上达死，伊子仍没入内务府为奴。一日上偶见之，子大声呼冤，且泣且数，怀中出平南藩赀原册呈上，遂逮抚，追其币入官，卒正其罪。

初，之信为逆时建正殿，有铁栗木柱大可合抱，殿成，柱上忽有一诗曰："掘断老龙伤粤秀，怪风吹上尉陀城。可怜白草黄沙国，直待刘家汗马鸣。"诗句倒题于柱，意竟不可解。又有仙降乩云："周郑交恶亡。"盖之信初通三桂、郑经，后皆相背，卒以灭国也。而可喜实始终一节，后开棺，见其冠服如制，故之信等四人伏诛外，其余家口俱从宽典。

定南王孔传

孔有德，至圣裔，原籍山东，徙居辽阳。明熹宗元年，练兵游击毛文龙将亲兵百九十七人袭破镇江城，有德其一也。骁勇善斗，临阵先登，为诸将冠。文龙爱之，养为孙，名毛永诗。文龙开府皮岛，有德累官至参将。及文龙为袁崇焕所杀，调往山东隶巡抚孙元化麾下。会东师告警，元化檄有德出御，兵饷不以时至，众军皆哗。有德叹曰："大将军功名卓卓，犹且不免，我辈死固晚矣。时事如此，尚可为耶！"遂率亲兵八百人来归，还袭皮岛，克之，以功封恭顺王，后从世祖入关定天下，改封定南王。

初，皮岛之溃，文龙麾下先后来归，封王封伯为总督为将军者甚众，独有德心念旧恩，言及大将军时事，辄于邑不自胜。文龙丧停登州北寺，有德请具舟从海道遣人迎之，将葬于辽阳。舟至中流，飓风倏起，怒涛山立，有德拜而言曰："公不欲往东耶？"因返舟，舟移而风止。有德素与文龙从子副总兵毛承禄亲厚，归命后，孙抚命承禄往说之，有德谓之曰："李少卿有言，归易耳，恐再辱，奈何也！今明官皆刀俎，我何能为鱼肉耶？"欲留承禄事之，承禄不可，寻归，以谗见杀。及开府广西，复迎事文龙子诸生承斗，执礼甚恭，可谓不以盛衰改节，不以新故易志者也。

顺治四年三月，上命有德同平、靖两王及满帅等下湖南。其秋，大兵破武冈、常德、宝应诸州郡，明藩遁走广西，湖南遂平。七年冬，率师下广西，入金川，破桂林，执明留守瞿式耜、总督张同敞，劝之降，不屈，杀之。悯其忠，许令归葬。复克浔，平梧、庆等府，广西平。捷闻，遂命镇守其地，开府桂林，以其将李如春、缐国安为都统留守，而有德同敬谨亲王尼堪统大兵进取黔中。

九年壬辰二月，有德以七百骑出河池，向贵州，大军至柳州接应。五月，伪将李定国率兵收复湖广，由黎平出靖州，进攻靖县、武冈，俱下之。有德闻警，急回守御，而定国由西延大埠偃旗卷甲倍道疾进。七月二日袭全州，破之，遂夺严关。关在金川西南，为桂林出入所必由。有德驰至不及。初四日，兵过平乐府，定国营于严关，设象阵以待。两阵既接，有德令素严，将士殊死战，象奔还。定国斩御象者，严鼓进兵，象复冲突。天大雷雨，敌兵呼声动地，乘象阵而入，我军不能支，遂退，驰入桂林，闭城拒守。越三日，定国兵至城下。时粤西初定，人心未固，定国攻城，守埤者皆不力，桂林遂陷。有德整衣冠，坐府中，嘿无一言，久之，谓夫人曰："不幸少入军中，飘泊铁山鸭绿间，冀立寸功，垂名竹帛。及大将军以忠受戮，归命本朝，历被两朝知遇，爵以亲王，锡之藩土，荣宠至矣。我受国厚恩，誓以身殉。若辈亦早自为计。"夫人曰："君毋虑我不死。"指其子及女曰："第儿曹何罪，亦遭此劫乎？"嘱老妪负之去，泣而送之曰："此子苟脱于难，当度为沙弥，无效乃父一生驰驱南北，下场有今日也。"言毕，与其妾皆自缢。有德纵火焚其府，北向再拜，拔剑自刎死。家口百二十人悉被害，其子寻为定国军士所迹，死于安隆；女亦见获，以年幼羁养军中。上闻有德合门死难，震悼撤朝，下诏哀恤，谥忠烈，赐葬京师，岁时祭祀。其将李如春、缐国安收集溃兵，大破定国之众。广西复平。

有德之女得归，守臣具疏以闻。世祖与太皇太后悯有德没于王事，其子廷训已见杀，止遗一女，令送入宫，为太后养女，名孔四贞。及四贞年十六，太后为择佳婿，四贞自陈有夫，盖有德存日已许配孙偏将之子延龄矣。因下诏求得之，奉太后命为夫妇赐第西华门外。广西之再定也，以缐国安统其众部曲如故，而藩府久虚，上念孔后无人，且虑及孔师无主，乃封四贞为和硕格格，掌定南王事，遥制广西军。延龄为和硕额驸，内辅政大臣，世袭一等阿思尼哈番。延龄美风姿，晓音律，长于击刺，体劲捷，能趋九尺屏风。惟不善读书，然遇有章奏，令幕官诵之，辄能斟酌可否。与人交，必尽其诚，能容人之过失，时年十六云。四贞美而不贤，自以太后养女，又掌藩府事，视延龄蔑如也。延龄机智深狙，以太后故，貌为恭敬，以顺其意。四贞喜出入宫掖，日誉其能，由是太后亦善视之，宠赉优渥，亚于亲王。四贞不知延龄以计愚之也，谓其和柔易制，事益专决。延龄因愈不平，思所以夺其权矣。

康熙四年丙午，四贞面奏家口众多，费用浩繁，欲就食广西。奉特旨：查定南王女孔四贞，于顺治十七年奉世祖章皇帝旨，掌定南王事，在京遥制。今应否给与其婿孙延龄掌管，着议政亲王、贝勒、大臣、九卿、科道会议具奏。诸大臣皆以为可议。上即奉旨：孙延龄镇守广西将军，其下应设都统一员，副都统二员，即着孙延龄遴选具奏。缘国安年老，着休致。四贞遂请和硕格格仪卫以行，与延龄南下。舟抵淮安，诰封敕书至，以延龄为特进上柱国光禄大夫，世袭一等阿思尼哈番，和硕额驸，镇守广西等处将军；其妻孔氏为一品夫人。四贞自以为和硕格格已居极品，不从夫贵也，今忽封一品夫人，则仍妻以夫贵矣。疑延龄嘱内院为之，不惬意，夫妇遂不相能。

戴良臣者，原系四贞包衣佐领，颇有才智，希大用，力荐其亲王永年为都统，而己与严朝纲副之。延龄初不许，乃营求于内，四贞强之而后可；虽为之请命于朝，而心甚忌之。良臣因构难其间，谓延龄独信任蛮子，而薄待旧人，由是夫妇益不合。良臣佐格格每事与延龄相左，所用之人必逐之而后已。延龄竟为木偶，不复能出一令。四贞初任良臣以为尊己故，惟言是听，及其得志，并格格而藐之，权且渐归于下，事无大小，皆擅自题请，广西一军惟知有都统，不知有将军，并不知有格格。四贞乃大恨，知为良臣所卖，仍与延龄和好，然大权旁落，不可复制。三都统益自专，延龄积不能平，以良臣等僭乱不法事诉于上。三都统亦上疏讦之也。上命督臣金光祖究其事，光祖与副都统严朝纲为至戚，奏延龄御下失宜，良臣等无罪。上疑其言非实，复令大臣按问，三都统惧得罪，并力以求伸。以故大臣亦不直延龄，延龄于是始谋所以报良臣者。

十二年癸丑，吴三桂反，以书招延龄。延龄遂召良臣等十三人议事，伏力士掷盏为号，尽缚而斩之。即举兵应吴，进封为临江王。广西提督马雄，亦定南藩下人，为都统之助，恐延龄害己，坚守不下。后三桂大军至广，雄乘势亦降，为伪东路总督，虽与延龄共事，而彼此相猜疑。延龄乃复萌反正之意。盖其初叛也，激于良臣之讼，及见马雄势大，畏其逼己，四贞又日夜感上恩，劝延龄归顺。计且决矣，雄探得之，密告三桂，谓延龄有异志，宜急诛之，以绝后患。十六年丁巳，三桂遣其侄伪金吾大将军吴世宾领兵，以恢复广东为名，驻师桂林城外。延龄出迎，世宾叙故，相得甚欢。及送之辕门，有苗兵数十突起马首，延龄于马棰中出利刃奋击，毙数人，力不支，为所杀。世宾送其头于马雄，雄掀髯大笑曰：“延龄亦有今日乎？”头忽睁目张口，跃然而直向雄身。雄大叫曰：“延龄杀我！”遂呕而死。四贞幼时曾为三桂养女，延龄死，遂拘之入滇，其子亦为吴世宾所杀。厥后云南平，四贞归京师奉有德祀。延龄竟无后。

永历纪事

［清］丁大任

永历纪事

相传衡州府桂藩第三子名由榔，初在广东肇庆府。庚寅，平南王率满兵二万，破攻梅岭，进南韶，困广城未下也，众方议航海，会云南有沙土司作乱，灭沐府。袭爵临终，血书封印埋土中，有"能为我灭土司报仇者，得此印王滇中"。适孙可望统张献忠之余众自川入滇，遂获血书封印，倡义灭土司。众欲推尊之，可望自思曰："吾贼也，名不正，焉可为人上。"谋所属李定国往肇庆迎永历。初，有相严起恒以为贼所迎未正，执不肯行。迎之至再，人愈众而加恭谨，广东势难久驻，乃听迎往云南，暂驻兴隆卫。可望、定国率百官，执臣子礼朝贺。永历既得可望之立己，且出师制胜，使可望得专征伐，究以从出不正为引嫌，乃赐可望姓朱，改名朝宗，册封为秦王。定国以下皆受节制，上下相安。

一日可望坐堂，诸将有不肯由角门见者，可望乃大启中门，降阶执臂而盟曰："今日之事，与诸君共约：一遵廷命，若吾辈互相争长，不如仍散而为贼耳。"久之无异议。

辛卯，命大司马率兵攻广西。司马姓张名同敞，故相国居正之嫡孙也。同瞿稼轩为定南王孔所执，大骂不屈，就刑。于是定国继之克省城，几失全省，有德以殉。至今定国扎守浔州府，广西惟桂、平、梧三府属清焉。

壬辰，可望略湖南，自宴衡州府城楼观兵，清朝损兵以万计，王公文武无不奔窜，而敬谨王卒不免焉。而辰州府武冈、沅、靖三州并十县尚为所据。其行兵有五要：一不杀人，二不放火，三不奸淫，四不宰耕牛，五不抢财货。有一于此，军法无赦。有象阵，马见之惊逸。用罗罗能跳战，不畏矢，执标枪大刀，常以少胜众。但虽胜而复旋，不能远离其险要也。自壬辰大衄后，湖南千里为之一空，楚人曰：孙、李二将有五伯之假仁假义，王莽之谦恭下士。而永历之为君，远过乎刘禅，近胜于弘光。奄有云贵并广西、四川、湖广各半省，五府六部三衙门，春秋两榜，隐成一小朝廷。今甲午二月，有两秦人系书办，自云南初八日逃回，到各衙门禀称："云南百姓插莳恬熙，若不知有交兵者，其军中家人并住云南，缝造征衣。其兵有十万余，各省人俱有，秦人约有一万，一年土产财赋足供养兵之需。其出疆入境盘诘颇宽，贸易商人俱给照验。其俗兵不扰民，将不欺士，往来有体，安置有方。"问以恢复辰州诸地，答云："除非先从广西克复，以渐而图，若此地动静彼悉预知，有备而攻，恐一时未易下手也。"合二说而观之，可得兵家知彼知己之情形矣。

永历所属国

云南全省　　贵州全省　　广西七府

四川半省　　湖广小半省　　安南即交趾，出象

乌蛮　　占城国出狮、象　　罗鬼国　　罗甸国

普里部　　五溪　　牂牁　　夜郎口　　棘夷

缅甸　　车里倭　　罗雄

附记

金抚院移总督救援语：“大逆孙可望，盘踞滇黔，收集各种老贼，纠合倮啰、土司，以八十万之众西犯四川，挫平西王之雄师，东下湖南，破续顺公之镇旅。其枭将有冯将军、孙可望弟、王进才、袁宗第、刘二虎、张光翠、牛万才、王洪典、杨光谦、丁夫人、林得胜、张先璧、钦天资、曹红头、姚黄、王二、王三、马进忠。侦探头分六股，马有万余，象有十六只，火药万余等情。”偏沅内衙姚、傅、萧三书吏，岳州府人，为明掳去，逃回，问其永历状貌，答云：“人物亦魁岸，声音亦宏亮，手尝批答笺奏。”又问其苗头将来向何处，答云：但见其摆拨从四川、陕西、山西等处，别无向河南、江西、江南等情。

孙恺阳先生殉城论

［明］蔡　鼎

孙恺阳先生殉城论

　　王少司寇虞石公之哭高阳也，曰：崇祯十一年十一月十二日丑奴数万南下，薄高阳城，恺阳先生率邑绅衿誓死登埤。十三日一战，炮击贼溃。土城低脆，外援不至，贼昼夜环攻，石尽矢竭，力不能支。先生守北门，谓家人曰："我死此，尔辈可任逃生。"家人辈都不忍舍。城既陷，贼以多部落掳之去，先生求死不能。至贼营，骂曰："臊奴，我大臣家居，城亡与亡，可急杀我。"贼不忍加刃，但令自便。先生望阙叩头，以绳系颈，呼令多夷奴绞之死。子侄男妇百余口与奴婢俱被杀，逃出者六岁孙与其母二口耳。当贼围时，城中众数千，及陷，逃者不数十，先生忠义之感激，烈哉。

　　或问于鼎曰：先生可以无死，即死，亦可无阖门以死，岂先生遂不及料之耶？抑先生能料之，而不能避之耶？

　　鼎曰：先生处无可避之地，又不能与家人以避之势，先生安之矣，即家人妇子辈亦安之，此所以为先生也。先生自度不可免，而令子若孙去先生以求免，是以不孝令也，先生愿之乎？子若孙去先生以幸免，而坐

317

视先生以不免，子若孙愿之乎？在他人于此必生许多计较，许多躲闪，以求万一之或免，至于必不可免而后已。先生不屑也。先生安之矣，家人妇子安先生之所安矣。

或曰：圣人无死地，先生于此遂无以自完乎？

鼎曰：先生当己督师时，旧经略高第弃涿以逃。先生虽不暴其恶，而实恶其懦，先生殉城之志定于此矣。奴来，而朝廷或假以便宜，使调度西南团练民壮，制奴深入，此先生之能也。而先生不能得也，且耻于苟得也，故先生安之。有地方军旅之责者，或念其国家元老、满城赤子不可坐弃于贼，而或护或援，得相犄角，此先生之愿也。而先生不能得也，且不欲强得也，故先生又安之。安之以守，鼓锐作气，合数千人为一死，卒以抗十万之强虏，先生且身先之矣。围城之内有图脱者，先生且以军法行之，况家人妇子乎？力尽援绝，不济而毙，父死忠，子死孝，妇女死节，奴仆死主，天地正气萃于一门，先生甘之。此先生所谓自完者也，非今人之苟免幸生以谓完也。以身之死与阖门之死奉功令，而使天下之人无敢戡功令、求苟免，先生之以忠教也，先生之所维持大矣。先生以一身之死、阖门之死，维功令、维世教，明君臣父子夫妇兄弟无可苟免之人伦。中外君子卒无一人为先生表章，以振末世苟免无耻之人心，而诛白养粹、贾维毓等不能死之徒于地下，则中外之负先生深也。匹夫匹妇，自痛其父，自痛其兄，自痛其夫，或自殉其主以死，于国毫未有涉也。司世教者，必表章旌异之，曰：若以励世也。先生之门，子死父，弟死兄，妇死夫，奴死主者，若殉所私，宸许国也。以国死而及其私，与以私死而无及于国者，励世有间矣。司世教者无或表章焉，岂特负先生哉！明以无益之死示天下而诲之，其可乎哉？国家于阁臣有遣官护送之礼，于老臣有遣官存问之礼，于大臣有遣官祭葬之礼，处顺犹然，况其变者乎？八十老人阖门死贼，积尸凉月，暴骨荒原，狐狼嗥其前，乌鸢啸其上，惨何甚也！守道巡方不言，风闻豸绣不言，阁臣礼臣不言，门生故吏不言，仅仅微一"从重议恤"之明旨，岂惟国体大褒，将掩骼埋骨之皇仁不大伤乎？天下不喜言仗节死义之事，与天下仗节死义之事不重于世，此天下国家之大患也。异日封疆有事，为白养粹、贾维毓者执以借口，而高第者流亦何难以一赎幸免，即百司马日励战、日励守，恐无所施之矣。鼎不悲先生之死，而深悲先生之死不为世重，以为天下忧，故论之于此。